Dieses Taschenbuch enthält in französisch-deutschem Paralleldruck sämtliche «Contes en Prose» von Perrault, also die Märchen vom Rotkäppchen und von der Schönen, die im Walde schlief (das ist unser Dornröschen), vom Blaubart und vom Gestiefelten Kater, von den Feen, vom Aschenputtel, von Riquet mit dem Schopf und vom Däumling.

Charles Perrault (1628–1703) hat diese Märchen nicht erfunden, sondern er hat Märchen-Stoffe, die da und dort mündlich überliefert waren, aufgegriffen und literarisch gestaltet. Und zwar mit der Absicht, seinen und anderen Kindern im Rahmen spannender Erzählungen ein paar passable «Moralitäten» zu vermitteln – und zugleich in dem Wunsche, den erwachsenen Vorlesern und Lesern ein gebildetes Vergnügen zu machen.

Beides gelingt seinen Märchen noch heute.

CHARLES PERRAULT

CONTES DE FÉES · MÄRCHEN

Übersetzung von Ulrich Friedrich Müller

Illustrationen von Louise Oldenbourg

dtv

Ausführliche Informationen über
unsere Autoren und Bücher
www.dtv.de

7. Auflage 2016
Erste Ausgabe 1962. Durchgesehene Neuausgabe 1996
dtv Verlagsgesellschaft mbH & Co. KG, München
© Langewiesche-Brandt, Ebenhausen bei München
Umschlagkonzept: Balk & Brumshagen
Umschlagbild: La maitresse d'école (1735/36)
von Jean-Baptiste Siméon Chardin (1699–1779)
Gesamtherstellung: Kösel, Krugzell
Gedruckt auf säurefreiem, chlorfrei gebleichtem Papier
Printed in Germany · ISBN 978-3-423-09407-8

La Belle au Bois Dormant 6
Die Schöne, die im Walde schlief 7

Le Petit Chaperon Rouge 32
Rotkäppchen 33

La Barbe-Bleue 40
Blaubart 41

Le Maître Chat ou Le Chat Botté 56
Der Meisterkater oder Der gestiefelte Kater 57

Les Fées 72
Die Feen 73

Cendrillon ou La Petite Pantoufle de Verre 80
Aschenputtel oder Das gläserne Pantöffelchen 81

Riquet à la Houppe 102
Riquet mit dem Schopf 103

Le Petit Poucet 122
Däumling 123

Nachwort des Übersetzers 151

LA BELLE AU BOIS DORMANT

Il était une fois un roi et une reine, qui étaient si fâchés de n'avoir point d'enfants, si fâchés qu'on ne saurait dire. Ils allèrent à toutes les eaux du monde : vœux, pèlerinages, menues devotions, tout fut mis en œuvre, et rien n'y faisait. Enfin pourtant la Reine devint grosse, et accoucha d'une fille. On fit un beau baptême ; on donna pour marraines à la petite princesse toutes les fées qu'on put trouver dans le pays (il s'en trouva sept), afin que chacune d'elles lui faisant un don, comme c'était la coutume des fées en ce temps-là, la Princesse eût par ce moyen toutes les perfections imaginables.

Après les cérémonies du baptême toute la compagnie revint au palais du Roi, où il y avait un grand festin pour les fées. On mit devant chacune d'elles un couvert magnifique, avec un étui d'or massif, où il y avait une cuiller, une fourchette, et un couteau de fin or, garnis de diamants et de rubis. Mais comme chacun prenait sa place à table, on vit entrer une vieille fée qu'on n'avait point priée parce qu'il y avait plus de cinquante ans qu'elle n'était sortie d'une tour, et qu'on la croyait morte, ou enchantée.

Le Roi lui fit donner un couvert, mais il n'y eut pas moyen de lui donner un étui d'or massif, comme aux autres, parce que l'on n'en avait fait faire que sept pour les sept fées. La vieille crut qu'on la méprisait, et grommela quelques menaces entre ses dents. Une des jeunes fées qui se trouva auprès d'elle, l'entendit, et jugeant qu'elle pourrait donner quelque fâcheux don à la petite princesse, alla, dès qu'on fut sorti de table, se cacher derrière la tapisserie, afin de parler la dernière, et de pouvoir réparer autant

DIE SCHÖNE, DIE IM WALDE SCHLIEF

Es waren einmal ein König und eine Königin, die waren so betrübt, keine Kinder zu haben, so betrübt, dass es gar nicht zu sagen war. Sie begaben sich in alle Bäder der Welt; Gelübde, Wallfahrten und kleinere Andachtsübungen – alles wurde ins Werk gesetzt, und nichts half. Endlich aber wurde die Königin doch schwanger und gebar ein Mädchen. Eine schöne Taufe wurde ausgerichtet; zu Patinnen gab man der kleinen Prinzessin alle Feen, die man im Lande finden konnte (man fand ihrer sieben), damit die Prinzessin, dadurch dass jede von ihnen ihr eine Gabe verlieh, wie es damals bei den Feen der Brauch war, alle nur erdenklichen Vollkommenheiten haben möge.

Nach den Tauffeierlichkeiten kehrte die ganze Gesellschaft in den Palast des Königs zurück, wo ein großes Festmahl für die Feen zubereitet war. Jeder Fee wurde ein prächtiges Gedeck vorgelegt mit einem Kästchen aus purem Gold, in dem ein Löffel, eine Gabel und ein Messer von reinem Gold lagen, geschmückt mit Diamanten und Rubinen. Aber als alle ihren Platz an der Tafel einnahmen, sah man eine alte Fee hereintreten, die nicht eingeladen worden war, weil sie seit über fünfzig Jahren ihren Turm nicht verlassen hatte und man der Meinung war, sie sei tot oder verzaubert.

Der König ließ auch ihr ein Gedeck geben, aber es war ihm nicht möglich, ihr ebenso wie den anderen ein Kästchen aus purem Gold zu geben, weil man nur sieben angefertigt hatte, eben für die sieben Feen. Die Alte glaubte, man schätze sie gering, und brummelte ein paar Drohungen zwischen ihren Zähnen. Eine von den jungen Feen, die neben ihr saß, hörte das, und weil sie meinte, die Alte könne der kleinen Prinzessin irgendeine böse Gabe verleihen, ging sie, sobald man von Tische aufgestanden war, und versteckte sich hinter dem Wandteppich, um als letzte zu sprechen und vielleicht, so

qu'il lui serait possible le mal que la vieille aurait fait.

Cependant les fées commencèrent à faire leurs dons à la Princesse. La plus jeune lui donna pour don qu'elle serait la plus belle personne du monde; celle d'après qu'elle aurait de l'esprit comme un ange; la troisième qu'elle aurait une grâce admirable à tout ce qu'elle ferait; la quatrième qu'elle danserait parfaitement bien; la cinquième qu'elle chanterait comme un rossignol; et la sixième qu'elle jouerait de toutes sortes d'instruments dans la dernière perfection. Le rang de la vieille fée étant venu, elle dit en branlant la tête, encore plus de dépit que de vieillesse, que la Princesse se percerait la main d'un fuseau, et qu'elle en mourrait.

Ce terrible don fit frémir toute la compagnie, et il n'y eut personne qui ne pleurât. Dans ce moment

gut es ihr möglich sein würde, das Unglück heilen zu können, das die Alte dem Kind antun mochte.

Unterdessen begannen die Feen, der Prinzessin ihre Gaben zu verleihen. Die jüngste verlieh ihr die Gabe, sie solle das schönste Mädchen auf der ganzen Welt sein; die nächste, sie solle so klug und anregend sein wie ein Engel; die dritte, sie solle bei allem, was sie tun werde, eine wunderbare Anmut haben; die vierte, sie solle vollkommen schön tanzen; die fünfte, sie solle singen wie eine Nachtigall; und die sechste, sie solle jegliches Musik-Instrument mit höchster Vollendung spielen. Da war die Reihe an die alte Fee gekommen, und sie sagte, indem sie noch mehr vor Bosheit als vor Alter mit dem Kopf wackelte, die Prinzessin solle sich mit der Hand an einer Spindel stechen und daran sterben.

Diese furchtbare Gabe ließ die ganze Gesellschaft erschauern, und es war niemand da, der nicht geweint hätte. Aber

la jeune fée sortit de derrière la tapisserie, et dit tout haut ces paroles:

«Rassurez-vous, Roi et Reine, votre fille n'en mourra pas. Il est vrai que je n'ai pas assez de puissance pour défaire entièrement ce que mon ancienne a fait: la Princesse se percera la main d'un fuseau; mais au lieu d'en mourir, elle tombera seulement dans un profond sommeil qui durera cent ans, au bout desquels le fils d'un roi viendra la réveiller.»

Le Roi, pour tâcher d'éviter le malheur annoncé par la vieille, fit publier aussitôt un édit, par lequel il défendait à toutes personnes de filer au fuseau, ni d'avoir des fuseaux chez soi sur peine de la vie.

Au bout de quinze ou seize ans, le Roi et la Reine étant allés à une de leurs maisons de plaisance, il arriva que la jeune princesse courant un jour dans le château, et montant de chambre en chambre, alla jusqu'au haut du donjon dans un petit galetas, où une bonne vieille était seule à filer sa quenouille. Cette bonne femme n'avait point ouï parler des défenses que le Roi avait faites de filer au fuseau.

«Que faites-vous là, ma bonne femme? dit la Princesse.

– Je file, ma belle enfant, lui répondit la vieille qui ne la connaissait pas.

– Ha! que cela est joli! reprit la Princesse; comment faites-vous? Donnez-moi que je voie si j'en ferais bien autant.»

Elle n'eut pas plus tôt pris le fuseau, que comme elle était fort vive, un peu étourdie, et que d'ailleurs l'arrêt des fées l'ordonnait ainsi, elle s'en perça la main, et tomba évanouie.

La bonne vieille, bien embarrassée, crie au se-

in diesem Augenblick trat die junge Fee hinter dem Wandteppich hervor und sprach laut die Worte:

«Seid getrost, König und Königin, eure Tochter soll nicht daran sterben. Zwar habe ich nicht genügend Kraft, gänzlich aufzuheben, was sie, die älter ist als ich, ihr angetan hat: die Prinzessin wird sich mit der Hand an einer Spindel stechen. Aber anstatt daran zu sterben, soll sie nur in einen tiefen Schlaf fallen, der hundert Jahre dauern soll, und nach dieser Zeit soll ein Königssohn kommen und sie aufwecken.»

Der König wollte versuchen, das von der Alten angekündigte Unheil abzuwenden, und ließ sogleich einen Befehl ausgehen, in dem er es jedermann untersagte, mit der Spindel zu spinnen oder auch nur Spindeln im Hause zu haben, bei Strafe an Leib und Leben.

Nach fünfzehn oder sechzehn Jahren, als die Königsfamilie in eines ihrer Lustschlösser gereist war, geschah es, dass die junge Prinzessin eines Tages in diesem Schloss umherlief und von Zimmer zu Zimmer bis in den Turm hinauf in eine kleine Dachkammer gelangte, wo eine gute alte Frau allein saß und ihren Rocken abspann. Diese gute Frau hatte nichts gehört von dem Verbot, mit der Spindel zu spinnen, das der König erlassen hatte.

«Was tut Ihr denn da, meine gute Frau?» fragte die Prinzessin.

«Ich spinne, mein schönes Kind», antwortete ihr die Alte, die sie nicht kannte.

«Oh! Wie ist das hübsch!» versetzte die Prinzessin. «Wie macht Ihr das? Gebt es mir, damit ich sehe, ob ich es wohl auch so kann.»

Kaum hatte sie die Spindel genommen, da stach sie sich in die Hand, weil sie sehr munter und ein wenig unbesonnen war und weil das Gebot der Feen es so bestimmt hatte, und sank ohnmächtig zu Boden.

Die gute Alte, ganz verstört, ruft um Hilfe: man kommt

cours: on vient de tous côtés; on jette de l'eau au visage de la Princesse, on la délace, on lui frappe dans les mains, on lui frotte les tempes avec de l'eau de la reine de Hongrie; mais rien ne la faisait revenir.

Alors le Roi, qui était monté au bruit, se souvint de la prédiction des fées, et jugeant bien qu'il fallait que cela arrivât, puisque les fées l'avaient dit, fit mettre la Princesse dans le plus bel appartement du palais, sur un lit en broderie d'or et d'argent. On eût dit d'un ange, tant elle était belle: car son évanouissement n'avait pas ôté les couleurs vives de son teint: ses joues étaient incarnates, et ses lèvres comme du corail; elle avait seulement les yeux fermés, mais on l'entendait respirer doucement: ce qui faisait voir qu'elle n'était pas morte.

Le Roi ordonna qu'on la laissât dormir en repos, jusqu'à ce que son heure de se réveiller fût venue. La bonne fée qui lui avait sauvé la vie, en la condamnant à dormir cent ans, était dans le royaume de Mataquin, à douze mille lieues de là, lorsque l'accident arriva à la Princesse; mais elle en fut avertie en un instant par un petit nain, qui avait des bottes de sept lieues (c'était des bottes avec lesquelles on faisait sept lieues d'une seule enjambée). La fée partit aussitôt, et on la vit au bout d'une heure arriver dans un chariot tout de feu, traîné par des dragons. Le Roi lui alla présenter la main à la descente du chariot. Elle approuva tout ce qu'il avait fait; mais comme elle était grandement prévoyante, elle pensa que quand la Princesse viendrait à se réveiller, elle serait bien embarrassée toute seule dans ce vieux château. Voici ce qu'elle fit.

Elle toucha de sa baguette tout ce qui était dans

von allen Seiten, man spritzt der Prinzessin Wasser ins Gesicht, man schnürt ihr das Mieder auf, man schlägt ihre Hände aneinander, man reibt ihr die Schläfen mit Wasser der Königin von Ungarn ein – aber nichts ließ sie wieder zu sich kommen.

Da fiel dem König, der auf den Lärm heraufgekommen war, die Weissagung der Feen ein, und weil er zu Recht der Meinung war, dass es so hatte kommen müssen, weil die Feen es gesagt hatten, ließ er die Prinzessin in das schönste Gemach des Palastes und auf ein Bett mit goldenen und silbernen Stickereien legen. Man hätte sie für einen Engel halten können, so schön war sie; denn ihre Ohnmacht hatte die lebhaften Farben nicht von ihrem Antlitz genommen: ihre Wangen waren rosenrot und ihre Lippen wie Korallen. Ihre Augen waren zwar geschlossen, aber man hörte sie leise atmen: daran konnte man erkennen, dass sie nicht tot war.

Der König befahl, man solle sie schlafen lassen, bis die Stunde ihres Erwachens gekommen sein würde. Die gute Fee, die ihr das Leben gerettet hatte, indem sie ihr einen hundertjährigen Schlaf auferlegte, war gerade im Königreich Mataquin, zwölftausend Meilen weit weg, als der Prinzessin dieser Unfall zustieß; aber sie wurde im Nu davon benachrichtigt durch einen kleinen Zwerg, der Siebenmeilenstiefel hatte (das waren Stiefel, in denen man mit einem einzigen Schritt sieben Meilen zurücklegte). Die Fee machte sich sogleich auf den Weg, und eine Stunde später sah man sie ankommen in einem Wagen, der ganz aus Feuer gemacht war und von Drachen gezogen wurde. Der König ging und reichte ihr die Hand beim Aussteigen aus dem Wagen. Sie billigte alles, was er getan hatte, aber da sie eine große Hellseherin war, bedachte sie, dass die Prinzessin, wenn sie aufwachte, sich ganz allein in dem großen Schloss sehr in Verlegenheit befinden würde. Und was tat sie?

Sie berührte mit ihrem Stab alles, was in dem Schloss war

ce château (hors le Roi et la Reine): gouvernantes, filles d'honneur, femmes de chambre, gentilshommes, officiers, maîtres d'hôtel, cuisiniers, marmitons, galopins, gardes, suisses, pages, valets de pied; elle toucha aussi tous les chevaux qui étaient dans les écuries, avec les palefreniers, les gros mâtins de basse-cour, et la petite Pouffe, petite chienne de la Princesse, qui était auprès d'elle sur son lit. Dès qu'elle les eut touchés, ils s'endormirent tous, pour ne se réveiller qu'en même temps que leur maîtresse, afin d'être tout prêts à la servir quand elle en aurait besoin. Les broches mêmes qui étaient au feu toutes pleines de perdrix et de faisans s'endormirent, et le feu aussi. Tout cela se fit en un moment: les fées n'étaient pas longues à leur besogne.

Alors le Roi et la Reine, après avoir baisé leur chère enfant sans qu'elle s'éveillât, sortirent du château, et firent publier des défenses à qui que ce soit d'en approcher. Ces défenses n'étaient pas nécessaires, car il crût dans un quart d'heure tout autour du parc une si grande quantité de grands arbres et de petits, de ronces et d'épines entrelacées les unes dans les autres, que bête ni homme n'y aurait pu passer; en sorte qu'on ne voyait plus que le haut des tours du château, encore n'était-ce que de bien loin. On ne douta point que la fée n'eût encore fait là un tour de son métier, afin que la Princesse, pendant qu'elle dormirait, n'eût rien à craindre des curieux.

Au bout de cent ans, le fils du roi qui régnait alors et qui était d'une autre famille que la princesse endormie, étant allé à la chasse de ce côté-là, demanda ce que c'était que des tours qu'il voyait au-dessus d'un grand bois fort épais. Chacun lui répon-

(außer dem König und der Königin): Erzieherinnen, Ehrenfräulein, Kammerzofen, Edelleute, Offiziere, Haushofmeister, Köche, Küchenjungen, Laufburschen, Leibwachen, Schweizergardisten, Pagen und Lakaien; sie berührte auch die Pferde, die in den Stallungen waren, dazu die Stallknechte, die großen Schäferhunde im Wirtschaftshof und die kleine Puff, die Hündin der Prinzessin, die neben ihr auf dem Bett lag. Und kaum hatte sie sie berührt, da schliefen sie auch schon allesamt ein, um erst zur gleichen Zeit wie ihre Herrin aufzuwachen und alsbald bereit zu sein, ihr zu dienen, wenn sie ihrer bedürfen würde. Sogar die Bratspieße, die alle voller Rebhühner und Fasanen über dem Feuer hingen, schliefen ein, und das Feuer auch. Das alles geschah in einem Augenblick: die Feen erledigten eben ihre Arbeit mit großer Schnelligkeit.

Da verließen der König und die Königin, nachdem sie ihre liebe Tochter geküsst hatten, ohne dass sie erwachte, das Schloss und ließen ein Verbot ergehen, dass niemand, wer es auch sei, sich ihm nähern sollte. Aber dieses Verbot war gar nicht nötig; denn in einer Viertelstunde wuchs rings um den Park eine solche Menge von großen und kleinen Bäumen und von ineinander verflochtenen Stachel- und Dornensträuchern, dass weder Tier noch Mensch hätte hindurchkommen können. So sah man denn nur noch die Spitzen der Schlosstürme, und auch die nur von weitem. Keiner zweifelte daran, dass die Fee da wiederum ein Kunststück ihres Berufes vollbracht hatte, damit die Prinzessin nichts zu befürchten hätte von neugierigen Menschen, während sie schlief.

Als hundert Jahre vergangen waren, zog der Sohn des Königs, der zu dieser Zeit regierte und der aus einer anderen Familie stammte als die schlafende Prinzessin, in jener Gegend auf die Jagd und fragte, was das für Türme seien, die er da über einem großen, sehr dichten Wald erkenne. Jeder

dit selon qu'il en avait ouï parler: les uns disaient que c'était un vieux château où il revenait des esprits; les autres que tous les sorciers de la contrée y faisaient leur sabbat. La plus commune opinion était qu'un ogre y demeurait, et que là il emportait tous les enfants qu'il pouvait attraper, pour les pouvoir manger à son aise, et sans qu'on le pût suivre, ayant seul le pouvoir de se faire un passage au travers du bois.

Le Prince ne savait qu'en croire, lorsqu'un vieux paysan prit la parole, et lui dit:

«Mon Prince, il y a plus de cinquante ans que j'ai ouï dire à mon père, qu'il y avait dans ce château une princesse, la plus belle du monde; qu'elle y devait dormir cent ans, et qu'elle serait réveillée par le fils d'un roi, à qui elle était réservée.»

Le jeune prince à ce discours se sentit tout de feu; il crut sans balancer qu'il mettrait fin à une si belle aventure, et, poussé par l'amour et par la gloire, il résolut de voir sur-le-champ ce qui en était. A peine s'avança-t-il vers le bois, que tous ces grands arbres, ces ronces et ces épines s'écartèrent d'eux-mêmes pour le laisser passer. Il marche vers le château qu'il voyait au bout d'une grande avenue où il entra, et, ce qui le surprit un peu, il vit que personne de ses gens ne l'avait pu suivre, parce que les arbres s'étaient rapprochés dès qu'il avait été passé. Il ne laissa pas de continuer son chemin: un prince jeune et amoureux est toujours vaillant. Il entra dans une grande avant-cour où tout ce qu'il vit d'abord était capable de le glacer de crainte. C'était un silence affreux: l'image de la mort s'y présentait partout, et ce n'était que des corps étendus d'hommes et d'animaux, qui paraissaient morts. Il reconnut pourtant

antwortete ihm, wie er es selber gehört hatte: die einen sagten, das sei ein altes Schloss, in dem Geister umgingen; andere sagten, dort feierten alle Zauberer der Gegend ihren Sabbat. Die vorherrschende Ansicht war, dass dort ein Menschenfresser hause, und dass dieser alle Kinder, die er erwischen könne, dorthin bringe, um sie nach Herzenslust zu verspeisen, ohne dass ihm jemand folgen könne, weil nur er die Macht habe, sich einen Weg durch den Wald zu bahnen.

Der Prinz wusste nicht, was er davon halten sollte. Aber da nahm ein alter Bauer das Wort und sagte zu ihm:

«Mein Prinz, vor über fünfzig Jahren habe ich meinen Vater sagen hören, in diesem Schloss befinde sich eine Prinzessin, die schönste von der Welt; sie müsse dort hundert Jahre schlafen und solle aufgeweckt werden von einem Königssohn, für den sie bestimmt sei.»

Der junge Prinz fühlte sich bei dieser Rede heiß erglühen; ohne zu zögern war er überzeugt, er werde ein so schönes Abenteuer zu Ende bringen, und von Liebe und Ruhm getrieben beschloss er, auf der Stelle nachzusehen, wie es damit stehen mochte. Kaum näherte er sich dem Wald, da bogen sich all die großen Bäume, all die Stachel- und die Dornenranken von selber zur Seite, um ihn durchzulassen. Er ging auf das Schloss zu, das er am Ende einer breiten Allee erblickte, in die er eintrat; was ihn ein wenig überraschte: er sah, dass keiner seiner Leute ihm hatte folgen können, weil die Bäume wieder zusammengegangen waren, sobald er hindurchgeschritten war. Dennoch setzte er seinen Weg fort; denn ein junger und verliebter Prinz ist immer mutig. Er trat in einen großen Vorhof, wo alles, was er sah, danach angetan war, ihn vor Angst erstarren zu lassen. Eine schaurige Stille herrschte dort, überall bot sich das Bild des Todes, und nichts war da als hingestreckte Menschen- und Tierleiber, die tot zu sein schienen. Doch an den Knollennasen und

bien au nez bourgeonné et à la face vermeille des suisses, qu'ils n'étaient qu'endormis; et leurs tasses, où il y avait encore quelques gouttes de vin, montraient assez qu'ils s'étaient endormis en buvant.

Il passe une grande cour pavée de marbre; il monte l'escalier; il entre dans la salle des gardes qui étaient rangés en haie, la carabine sur l'épaule, et ronflant de leur mieux. Il traverse plusieurs chambres pleines de gentilshommes et de dames, dormant tous, les uns debout, les autres assis. Il entre dans une chambre toute dorée, et il voit sur un lit, dont les rideaux étaient ouverts de tous côtés, le plus beau spectacle qu'il eût jamais vu: une princesse qui paraissait avoir quinze ou seize ans, et dont l'éclat resplendissant avait quelque chose de lumineux et de divin. Il s'approcha en tremblant et en admirant, et se mit à genoux auprès d'elle.

Alors, comme la fin de l'enchantement était venue, la Princesse s'éveilla, et le regardant avec des yeux plus tendres qu'une première vue ne semblait le permettre:

an den purpurroten Gesichtern der Schweizergardisten erkannte er wohl, dass sie nur schliefen, und ihre Becher, in denen sich noch ein paar Tropfen Wein befanden, zeigten zur Genüge, dass sie beim Trinken eingeschlafen waren.

Er geht über einen großen, marmorgefliesten Hof, er steigt die Treppe hinauf, er betritt den Saal der Leibwächter, die im Spalier angetreten sind, den Stutzen über der Schulter und nach Kräften schnarchend. Er durcheilt mehrere Zimmer voller Edelleute und Damen, alle in tiefstem Schlaf, die einen im Stehen, die anderen im Sitzen. Er betritt ein vollkommen vergoldetes Gemach, und er sieht auf einem Bett, dessen Vorhänge an allen Seiten offen sind, das schönste Bild, das er je gesehen hat: eine Prinzessin, die fünfzehn oder sechzehn Jahre alt zu sein schien, und deren strahlende Schönheit etwas Lichtvolles und Göttliches hatte. Er trat zitternd und voller Bewunderung näher und ließ sich neben ihr auf die Knie nieder.

Da aber erwachte die Prinzessin, weil das Ende der Verzauberung gekommen war, und indem sie ihn mit zärtlicheren Augen ansah, als es für einen ersten Blick erlaubt schien, sagte sie zu ihm:

«Est-ce vous, mon Prince? lui dit-elle; vous vous êtes bien fait attendre.»

Le Prince, charmé de ces paroles, et plus encore de la manière dont elles étaient dites, ne savait comment lui témoigner sa joie et sa reconnaissance; il l'assura qu'il l'aimait plus que lui-même. Ses discours furent mal rangés, ils en plurent davantage: peu d'éloquence, beaucoup d'amour. Il était plus embarrassé qu'elle, et l'on ne doit pas s'en étonner: elle avait eu le temps de songer à ce qu'elle aurait à lui dire, car il y a apparence (l'histoire n'en dit pourtant rien) que la bonne fée, pendant un si long sommeil, lui avait procuré le plaisir des songes agréables. Enfin il y avait quatre heures qu'ils se parlaient, et ils ne s'étaient pas encore dit la moitié des choses qu'ils avaient à se dire.

Cependant tout le palais s'était réveillé avec la Princesse; chacun songeait à faire sa charge; et comme ils n'étaient pas tous amoureux, ils mouraient de faim. La dame d'honneur, pressée comme les autres, s'impatienta, et dit tout haut à la Princesse que la viande était servie. Le Prince aida la Princesse à se lever: elle était tout habillée et fort magnifiquement; mais il se garda bien de lui dire quelle était habillée comme ma mère-grand, et qu'elle avait un collet monté; elle n'en était pas moins belle.

Ils passèrent dans un salon de miroirs, et y soupèrent, servis par les officiers de la Princesse. Les violons et les hautbois jouèrent de vieilles pièces, mais excellentes, quoiqu'il y eût près de cent ans qu'on ne les jouât plus; et après souper, sans perdre de temps, le grand aumônier les maria dans la chapelle du château, et la dame d'honneur leur tira le rideau. Ils dormirent peu: la Princesse n'en avait

«Seid Ihr es, mein Prinz? Ihr habt lange auf Euch warten lassen.»

Der Prinz war so bezaubert von diesen Worten und noch mehr von der Art, in der sie gesagt waren, dass er nicht wusste, wie er ihr seine Freude und seine Dankbarkeit bezeigen sollte; er versicherte ihr, dass er sie mehr liebe als sich selber. Seine Rede war verworren, aber sie erregte um so mehr Gefallen: wenig Beredsamkeit, viel Liebe. Er war noch verlegener als sie, und das darf einen nicht wundern: sie hatte ja Zeit genug gehabt, davon zu träumen, was sie zu ihm sagen sollte; denn es sieht so aus (obwohl die Geschichte nichts darüber sagt), als habe die gute Fee ihr während eines so langen Schlummers das Vergnügen angenehmer Träume verschafft. Schließlich hatten sie vier Stunden miteinander gesprochen und einander doch noch nicht die Hälfte gesagt von dem, was sie einander zu sagen hatten.

Unterdessen war der ganze Palast mit der Prinzessin aufgewacht. Jeder war darauf bedacht, seine Pflicht zu tun, aber da sie nicht alle verliebt waren, starben sie fast vor Hunger. Die Ehrendame, die es ebenso eilig hatte wie die anderen, wurde ungeduldig und sagte laut und deutlich zur Prinzessin, das Fleisch sei aufgetragen. Der Prinz half der Prinzessin beim Aufstehen. Sie war vollständig angekleidet, und zwar sehr prächtig. Aber er hütete sich wohl, ihr zu sagen, dass sie gekleidet war wie zu Großmutters Zeiten und sogar einen steifen Kragen trug; sie war ja deshalb nicht weniger schön.

Sie gingen in einen Spiegelsalon und speisten dort zur Nacht, bedient von den Offizieren der Prinzessin. Die Geigen und die Oboen spielten alte Stücke, die ausgezeichnet klangen, obwohl sie schon seit fast hundert Jahren nicht mehr gespielt wurden, und nach dem Nachtessen vermählte der Hofgeistliche, ohne Zeit zu verlieren, die beiden in der Schlosskapelle, und die Ehrendame zog den Vorhang zu. Sie schliefen allerdings nicht viel; denn die Prinzessin bedurfte

pas grand besoin, et le Prince la quitta dès le matin pour retourner à la ville, où son père devait être en peine de lui.

Le Prince lui dit, qu'en chassant il s'était perdu dans la forêt, et qu'il avait couché dans la hutte d'un charbonnier, qui lui avait fait manger du pain noir et du fromage. Le Roi son père qui était bonhomme, le crut; mais sa mère n'en fut pas bien persuadée, et voyant qu'il allait presque tous les jours à la chasse, et qu'il avait toujours une raison en main pour s'excuser, quand il avait couché deux ou trois nuits dehors, elle ne douta plus qu'il n'eût quelque amourette: car il vécut avec la Princesse plus de deux ans entiers, et en eut deux enfants, dont le premier qui fut une fille, fut nommée *l'Aurore*, et le second un fils, qu'on nomma *le Jour*, parce qu'il parraissait encore plus beau que sa sœur.

La Reine dit plusieurs fois à son fils, pour le faire expliquer, qu'il fallait se contenter dans la vie; mais il n'osa jamais se fier à elle de son secret: il la craignait quoiqu'il l'aimât, car elle était de race ogresse, et le roi ne l'avait épousée qu'à cause de ses grands biens. On disait même tout bas à la cour qu'elle avait les inclinations des ogres, et qu'en voyant passer de petits enfants, elle avait toutes les peines du monde à se retenir de se jeter sur eux: ainsi le Prince ne voulut jamais rien dire.

Mais quand le Roi fut mort, ce qui arriva au bout de deux ans, et qu'il se vit le maître, il déclara publiquement son mariage, et alla en grande cérémonie quérir la Reine sa femme dans son château. On lui fit une entrée magnifique dans la ville capitale, où elle entra au milieu de ses deux enfants.

Quelque temps après, le Roi alla faire la guerre à

dessen nicht so sehr, und der Prinz verließ sie schon am Morgen, um in die Stadt zurückzukehren, wo sein Vater sich gewiss Sorgen um ihn machte.

Der Prinz sagte zu ihm, er habe sich auf der Jagd im Walde verirrt und in der Hütte eines Köhlers übernachtet, der ihm Schwarzbrot und Käse zu essen gegeben habe. Der König, sein Vater, der ein gutmütiger Mann war, glaubte das, aber seine Mutter war nicht so recht überzeugt, und als sie sah, dass er fast täglich auf die Jagd ging und immer einen Grund bei der Hand hatte, sich zu entschuldigen, wenn er zwei oder drei Nächte draußen geschlafen hatte, zweifelte sie nicht mehr daran, dass er eine Liebesgeschichte habe. Denn er lebte mehr als zwei volle Jahre mit der Prinzessin zusammen, und sie schenkte ihm zwei Kinder; das eine war ein Mädchen und bekam den Namen *Morgenröte*, und das zweite, ein Sohn, wurde *Tagesschein* genannt, weil es noch schöner zu werden versprach als seine Schwester.

Um ihn zu einer Erklärung zu nötigen, sagte die Königin mehrmals zu ihrem Sohn, man müsse im Leben schließlich auch eine Wahl treffen. Aber er wagte es nie, ihr sein Geheimnis anzuvertrauen: obwohl er sie liebte, fürchtete er sie doch; denn sie stammte von Menschenfressern ab, und der König hatte sie nur wegen ihres großen Vermögens geheiratet. Man munkelte bei Hofe, sie habe menschenfresserische Neigungen; wenn sie kleine Kinder vorbeigehen sehe, koste es sie alle erdenkliche Mühe, sich nicht auf sie zu stürzen. Deshalb wollte der Prinz ihr nie etwas erzählen.

Als aber der König gestorben war, was nach zwei Jahren geschah, und der Prinz sich als Herrscher sah, da gab er seine Heirat öffentlich bekannt und holte unter großen Feierlichkeiten die Königin, seine Frau, heim in sein Schloss. Man bereitete ihr einen prächtigen Einzug in die Hauptstadt, die sie in Begleitung ihrer zwei Kinder betrat.

Einige Zeit danach zog der König in den Krieg gegen den

l'empereur Cantalabutte son voisin. Il laissa la régence du royaume à la Reine sa mère, et lui recommanda fort sa femme et ses enfants: il devait être à la guerre tout l'été; et dès qu'il fut parti, la Reine mère envoya sa bru et ses enfants à une maison de campagne dans les bois, pour pouvoir plus aisément assouvir son horrible envie. Elle y alla quelques jours après, et dit un soir à son maître d'hôtel:

«Je veux manger demain à mon dîner la petite Aurore.

– A! Madame, dit le maître d'hôtel...

– Je le veux, dit la Reine (elle le dit d'un ton d'ogresse, qui a envie de manger de la chair fraîche) et je la veux manger à la sauce Robert.»

Ce pauvre homme voyant bien qu'il ne fallait pas se jouer à une ogresse, prit son grand couteau, et monta à la chambre de la petite Aurore: elle avait pour lors quatre ans, et vint en sautant et en riant se jeter à son col, et lui demander du bonbon. Il se mit à pleurer: le couteau lui tomba des mains, et il alla dans la basse-cour couper la gorge à un petit agneau, et lui fit une si bonne sauce, que sa maîtresse l'assura qu'elle n'avait jamais rien mangé de si bon. Il avait emporté en même temps la petite Aurore, et l'avait donnée à sa femme pour la cacher dans le logement qu'elle avait au fond de la basse-cour.

Huit jours après, la méchante Reine dit à son maître d'hôtel:

«Je veux manger à mon souper le petit Jour.»

Il ne répliqua pas, résolu de la tromper comme l'autre fois; il alla chercher le petit Jour, et le trouva avec un petit fleuret à la main, dont il faisait des armes avec un gros singe: il n'avait pourtant que trois ans. Il le porta à sa femme qui le cacha avec la

Kaiser Hügelsang, seinen Nachbarn. Er übergab die Regentschaft seiner königlichen Mutter und empfahl seine Frau und seine Kinder ihrer Obhut: er musste den ganzen Sommer im Krieg bleiben. Sowie er fort war, schickte die Königinmutter ihre Schwiegertochter und deren Kinder in ein Landhaus in den Wäldern, um ihr grässliches Gelüste leichter befriedigen zu können. Einige Tage später zog sie selber dorthin und sagte eines Abends zu ihrem Haushofmeister:

«Morgen will ich zum Abendessen die kleine Morgenröte verspeisen.»

«Aber Madame!...» sagte der Haushofmeister.

«Ich will es», sagte die Königin (und sie sagte es mit der Stimme einer Menschenfresserin, die Lust hat, frisches Fleisch zu essen), «und zwar in Essigsoße mit Zwiebeln.»

Da der arme Mann merkte, dass mit einer Menschenfresserin nicht zu spaßen war, nahm er sein großes Messer und ging hinauf in das Zimmer der kleinen Morgenröte; die war zu der Zeit vier Jahre alt und kam hüpfend und lachend, umhalste ihn und bat ihn um Leckerein. Da fing er an zu weinen; das Messer fiel ihm aus den Händen, und er ging in den Wirtschaftshof, schnitt einem kleinen Lamm den Hals ab und machte eine so gute Soße dazu, dass seine Herrin versicherte, sie habe noch nie etwas so Gutes gegessen. Zugleich hatte er die kleine Morgenröte mitgenommen und sie seiner Frau übergeben, damit diese sie in ihrer Wohnung hinten am Wirtschaftshof versteckte.

Acht Tage später sagte die böse Königin zu ihrem Haushofmeister:

«Ich will zur Nacht den kleinen Tagesschein verspeisen.»

Er gab keine Antwort, weil er entschlossen war, sie ebenso zu täuschen wie zuvor. Er ging den kleinen Tagesschein holen und traf ihn mit einem kleinen Florett in der Hand, dessen er sich bediente, um mit einem großen Affen zu fechten – dabei war er erst drei Jahre alt. Er brachte ihn zu seiner

petite Aurore, et donna à la place du petit Jour un petit chevreau fort tendre, que l'Ogresse trouva admirablement bon.

Cela était fort bien allé jusque là, mais un soir cette méchante reine dit au maître d'hôtel:

«Je veux manger la Reine à la même sauce que ses enfants.»

Ce fut alors que le pauvre maître d'hôtel désespéra de la pouvoir encore tromper. La jeune reine avait vingt ans passés, sans compter les cent ans qu'elle avait dormi: sa peau était un peu dure, quoique belle et blanche; et le moyen de trouver dans la ménagerie une bête aussi dure que cela? Il prit la résolution, pour sauver sa vie, de couper la gorge à la Reine, et monta dans sa chambre, dans l'intention de n'en pas faire à deux fois; il s'excitait à la fureur, et il entra le poignard à la main dans la chambre de la jeune reine; il ne voulut pourtant point la surprendre, et il lui dit avec beaucoup de respect, l'ordre qu'il avait reçu de la Reine mère.

«Faites votre devoir, lui dit-elle en lui tendant le col; exécutez l'ordre qu'on vous a donné; j'irai revoir mes enfants, mes pauvres enfants que j'ai tant aimés!» Car elle les croyait morts depuis qu'on les avait enlevés sans lui rien dire.

«Non, non, Madame, lui répondit le pauvre maître d'hôtel tout attendri, vous ne mourrez point, et vous ne laisserez pas d'aller revoir vos chers enfants; mais ce sera chez moi, où je les ai cachés, et je tromperai encore la Reine, en lui faisant manger une jeune biche en votre place.»

Il la mena aussitôt à sa chambre, où la laissant embrasser ses enfants et pleurer avec eux, il alla accommoder une biche, que la Reine mangea à son

Frau, die ihn samt der kleinen Morgenröte versteckte, und trug statt des kleinen Tagesschein ein ganz zartes Zicklein auf, das die Menschenfresserin wunderbar lecker fand.

Bis dahin war alles sehr gut gegangen; doch eines Abends sagte die böse Königin zu dem Haushofmeister:

«Ich will die Königin mit derselben Soße verspeisen wie ihre Kinder.»

Da meinte der arme Haushofmeister, nun könne er sie nicht noch einmal täuschen. Die junge Königin war über zwanzig Jahre alt, nicht gerechnet die hundert Jahre, die sie geschlafen hatte; ihre Haut, so schön und weiß sie sein mochte, war doch ein wenig zäh – wie sollte er unter dem Vieh ein Tier finden, das so zäh war? Um sein Leben zu retten, fasste er den Entschluss, der Königin den Hals abzuschneiden, und er ging hinauf in ihr Zimmer in der festen Absicht, kurzen Prozess zu machen. Er steigerte sich in große Wut und betrat, den Dolch in der Hand, das Zimmer der jungen Königin. Doch wollte er sie nicht überrumpeln; deshalb berichtete er ihr mit großer Untertänigkeit von dem Befehl, den er von der Königinmutter empfangen hatte.

«Tut Eure Pflicht», sagte sie zu ihm und hielt ihm den Hals hin, «führt den Befehl aus, den man Euch gegeben hat; so werde ich meine Kinder wiedersehen, meine armen Kinder, die ich so geliebt habe!» Denn sie hielt sie für tot, seit man sie weggeholt hatte, ohne ihr etwas zu sagen.

«Nein, nein, Madame», antwortete ihr der arme Haushofmeister voller Rührung, «Ihr sollt nicht sterben und dennoch Eure lieben Kinder wiedersehen, aber bei mir daheim, wo ich sie versteckt habe; die Königin jedoch will ich noch einmal täuschen, indem ich ihr statt Eurer eine junge Hirschkuh zu essen geben.»

Er führt sie sogleich in sein Zimmer, und während er sie dort ihre Kinder küssen und sie mit ihnen weinen ließ, ging er hin und bereitete eine Hirschkuh zu, und die Königin

souper, avec le même appétit que si c'eût été la jeune reine. Elle était bien contente de sa cruauté, et elle se préparait à dire au Roi à son retour, que les loups enragés avaient mangé la Reine sa femme et ses deux enfants.

Un soir qu'elle rôdait à son ordinaire dans les cours et basses-cours du château pour y halener quelque viande fraîche, elle entendit dans une salle basse le petit Jour qui pleurait, parce que la Reine sa mère le voulait faire fouetter, à cause qu'il avait été méchant; et elle entendit aussi la petite Aurore qui demandait pardon pour son frère. L'Ogresse reconnut la voix de la Reine et de ses enfants, et furieuse d'avoir été trompée, elle commanda dès le lendemain au matin, avec une voix épouvantable, qui faisait trembler tout le monde, qu'on apportât au milieu de la cour une grande cuve, qu'elle fit remplir de crapauds, de vipères, de couleuvres et de serpents,

verspeiste sie zu ihrem Nachtessen mit dem gleichen Appetit, als wäre es die junge Königin gewesen. Sie war hochbefriedigt über ihre Grausamkeit und nahm sich vor, dem König bei seiner Rückkehr zu sagen, die wilden Wölfe hätten seine Frau und seine zwei Kinder gefressen.

Eines Abends, als sie wie gewöhnlich durch die Höfe und Wirtschaftshöfe des Schlosses streifte, um frisches Fleisch zu erschnüffeln, hörte sie aus einem Zimmer im Parterre den kleinen Tagesschein, der weinte, weil seine königliche Mutter ihm die Rute geben lassen wollte, da er ungezogen gewesen war; und zugleich hörte sie die kleine Morgenröte, die für ihren Bruder um Verzeihung bat. Die Menschenfresserin erkannte die Stimme der Königin und ihrer Kinder, und in ihrer Wut, getäuscht worden zu sein, befahl sie gleich am anderen Morgen mit furchterregender Stimme, die jedermann zittern machte, man solle einen großen Bottich in die Mitte des Hofes tragen. Den ließ sie mit Kröten, Vipern, Nattern und Schlangen füllen, um die Königin und ihre Kinder,

pour y faire jeter la Reine et ses enfants, le maître d'hôtel, sa femme et sa servante; elle avait donné ordre de les amener les mains liées derrière le dos.

Ils étaient là, et les bourreaux se préparaient à les jeter dans la cuve, lorsque le Roi qu'on n'attendait pas si tôt, entra dans la cour à cheval; il était venu en poste, et demanda tout étonné ce que voulait dire cet horrible spectacle; personne n'osait l'en instruire, quand l'Ogresse, enragée de voir ce qu'elle voyait, se jeta elle-même la tête la première dans la cuve, et fut dévorée en un instant par les vilaines bêtes qu'elle y avait fait mettre. Le Roi ne laissa pas d'en être fâché: elle était sa mère; mais il s'en consola bientôt avec sa belle femme et ses enfants.

Moralité

Attendre quelque temps pour avoir un époux
Riche, bien fait, galant et doux,
La chose est assez naturelle;
Mais l'attendre cent ans, et toujours en dormant,
On ne trouve plus de femelle
Qui dormît si tranquillement.
La fable semble encor vouloir nous faire entendre
Que souvent de l'hymen les agréables nœuds,
Pour être différés, n'en sont pas moins heureux,
Et qu'on ne perd rien pour attendre.
Mais le sexe avec tant d'ardeur
Aspire à la foi conjugale
Que je n'ai pas la force ni le cœur
De lui prêcher cette morale.

den Haushofmeister, sein Weib und seine Bediente hineinwerfen zu lassen; sie hatte schon Befehl gegeben, allesamt mit auf dem Rücken gefesselten Händen herbeizuschaffen.

Sie standen bereit, und die Henker schickten sich gerade an, sie in den Bottich zu werfen, da kam der König, den man so früh nicht erwartet hatte, zu Pferde in den Hof; er war mit der Eilpost gekommen und fragte höchst erstaunt, was dieses grausige Schauspiel zu bedeuten habe. Doch niemand wagte ihn aufzuklären. Da stürzte sich die Menschenfresserin voll Wut darüber, dass sie sah, was sie sah, mit dem Kopf voran in den Bottich und wurde augenblicklich von den abscheulichen Tieren verschlungen, die sie hatte hineinwerfen lassen. Der König war trotz allem traurig, weil sie seine Mutter war, aber er tröstete sich bald mit seiner schönen Frau und seinen Kindern.

Moral

Ein Weilchen warten auf den rechten Ehemann,
ist er nur reich und schön und freundlich dann,
die Sache ist nicht weiter schwer;
doch hundert Jahr zu warten und zu schlafen all die Zeit
– es findet sich wohl heute keine mehr
zu einem solchen festen Schlaf bereit.
Die Fabel führt auch noch zu diesem Schluss:
Des Ehebundes Fessel, leicht zu tragen,
sie bringt trotz Aufschub uns genug an Freudentagen,
und nichts verliert man, weil man warten muss.
Doch das Geschlecht, das schwache, scheint so blind
nur an den Traualtar zu streben,
dass ich die Kraft und auch den Mut nicht find,
ihm als Moral dies mitzugeben.

LE PETIT CHAPERON ROUGE

Il était une fois une petite fille de village, la plus jolie qu'on eût su voir; sa mère en était folle, et sa mère-grand plus folle encore. Cette bonne femme lui fit faire un petit chaperon rouge, qui lui seyait si bien, que partout on l'appelait le petit Chaperon rouge.

Un jour sa mère ayant cuit et fait des galettes, lui dit:

«Va voir comme se porte ta mère-grand, car on m'a dit qu'elle était malade. Porte-lui une galette et ce petit pot de beurre.»

Le petit Chaperon rouge partit aussitôt pour aller chez sa mère-grand, qui demeurait dans un autre village. En passant dans un bois elle rencontra compère le Loup, qui eut bien envie de la manger, mais

ROTKÄPPCHEN

Es war einmal in einem Dorf ein kleines Mädchen, das hübscheste, das man sich vorstellen konnte; seine Mutter war in das Kind vernarrt, mehr aber noch seine Großmutter. Diese gute Frau ließ ihm ein rotes Käppchen machen, und weil ihm das so gut stand, nannte man es überall nur Rotkäppchen.

Eines Tages sprach seine Mutter, die gerade Fladen gebakken und zubereitet hatte, zu ihm:

«Sieh einmal nach, wie es deiner Großmutter geht, denn man hat mir gesagt, sie sei krank. Bring ihr einen Fladen und diesen kleinen Topf Butter.»

Rotkäppchen lief sogleich davon, um zu seiner Großmutter zu gehen, die in einem anderen Dorf wohnte. Als es durch einen Wald kam, traf es den Gevatter Wolf, der große Lust hatte, es zu fressen; aber er wagte es nicht wegen eini-

il n'osa, à cause de quelques bûcherons qui étaient dans la forêt. Il lui demanda où elle allait. La pauvre enfant qui ne savait pas qu'il est dangereux de s'arrêter à écouter un loup, lui dit:

«Je vais voir ma mère-grand, et lui porter une galette avec un petit pot de beurre que ma mère lui envoie.

– Demeure-t-elle bien loin? lui dit le Loup.

– Oh oui, dit le petit Chaperon rouge: c'est par delà le moulin que vous voyez tout là-bas, à la première maison du village.

– Eh bien! dit le Loup, je veux l'aller voir aussi; je m'y en vais par ce chemin ici, et toi par ce chemin-là, et nous verrons qui plus tôt y sera.»

Le Loup se mit à courir de toute sa force par le chemin qui était le plus court, et la petite fille s'en alla par le chemin le plus long, s'amusant à cueillir des noisettes, à courir après des papillons, et à faire des bouquets des petites fleurs qu'elle rencontrait.

Le Loup ne fut pas longtemps à arriver à la maison de la mère-grand. Il heurte: toc, toc.

«Qui est là?

– C'est votre fille, le petit Chaperon rouge (dit le Loup en contrefaisant sa voix) qui vous apporte une galette, et un petit pot de beurre que ma mère vous envoie.»

La bonne mère-grand qui était dans son lit à cause qu'elle se trouvait un peu mal, lui cria:

Tire la chevillette, la bobinette cherra.»

Le Loup tira la chevillette, et la porte s'ouvrit. Il se jeta sur la bonne femme, et la dévora en moins de rien, car il y avait plus de trois jours qu'il n'avait mangé. Ensuite il ferma la porte, et s'alla coucher dans le lit de la mère-grand, en attendant le petit

ger Holzfäller, die in dem Wald waren. Er fragte es, wohin es gehe. Das arme Mädchen wusste nicht, dass es gefährlich war, stehenzubleiben und einem Wolf zuzuhören, und sagte zu ihm:

«Ich besuche meine Großmutter und bringe ihr einen Fladen und einen kleinen Topf Butter, die meine Mutter ihr schickt.»

«Wohnt sie denn sehr weit?» fragte der Wolf.

«Oh ja», sagte Rotkäppchen, «es ist noch ein Stück hinter der Mühle, die Ihr da unten seht, im ersten Haus vom Dorf.»

«Na schön!» sagte der Wolf. «Dann will ich sie auch besuchen. Ich gehe den Weg hier, und du gehst den anderen Weg da – mal sehen, wer eher dort ist.»

Der Wolf lief aus Leibeskräften den Weg, der kürzer war, und das kleine Mädchen ging den längeren Weg, wobei es seine Freude daran hatte, Haselnüsse zu sammeln, Schmetterlingen nachzujagen und aus den Blümchen, die es fand, Sträuße zu machen.

Der Wolf brauchte nicht lange, um zum Haus der Großmutter zu gelangen. Er klopfte an: poch, poch.

«Wer ist da?»

«Ich bin Eure Enkelin Rotkäppchen», sagte der Wolf, indem er seine Stimme verstellte, «und bringe Euch einen Fladen und einen kleinen Topf Butter, die Euch meine Mutter schickt.»

Die gute Großmutter, die im Bett lag, weil sie ein wenig krank war, rief ihm zu:

«Zieh den Pflock, dann fällt der Riegel.»

Der Wolf zog den Pflock, und die Tür ging auf. Er stürzte sich auf die gute Frau und verschlang sie im Nu, denn er hatte schon mehr als drei Tage nichts gegessen. Darauf schloss er die Tür wieder, ging hin und legte sich in das Bett der Großmutter, um dort auf das kleine Rotkäppchen zu

Chaperon rouge, qui quelque temps après vint heurter à la porte: toc, toc.

«Qui est là?»

Le petit Chaperon rouge qui entendit la grosse voix du Loup, eut peur d'abord, mais croyant que sa mère-grand était enrhumée, répondit:

«C'est votre fille, le petit Chaperon rouge, qui vous apporte une galette, et un petit pot de beurre que ma mère vous envoie.»

Le Loup lui cria, en adoucissant un peu sa voix:

«Tire la chevillette, la bobinette cherra.»

Le petit Chaperon rouge tira le chevillette, et la porte s'ouvrit.

Le Loup la voyant entrer, lui dit en se cachant dans le lit sous la couverture:

«Mets la galette et le petit pot de beurre sur la huche, et viens te coucher avec moi.»

warten, das einige Zeit später kam und an die Tür klopfte: poch, poch.

«Wer ist da?»

Als Rotkäppchen die rauhe Stimme des Wolfs hörte, hatte es erst Angst, aber weil es meinte, die Großmutter sei erkältet, gab es zur Antwort:

«Ich bin Eure Enkelin Rotkäppchen und bringe Euch einen Fladen und einen kleinen Topf Butter, die Euch meine Mutter schickt.»

Der Wolf rief ihm zu, indem er seine Stimme ein wenig sanfter machte:

«Zieh den Pflock, dann fällt der Riegel.»

Rotkäppchen zog den Pflock, und die Tür ging auf.

Als der Wolf sah, dass Rotkäppchen hereinkam, versteckte er sich im Bett unter der Decke und sagte zu ihm:

«Stell den Fladen und den kleinen Topf Butter auf den Backtrog und leg dich zu mir.»

Le petit Chaperon rouge se déshabille, et va se mettre dans le lit, où elle fut bien étonnée de voir comment sa mère-grand était faite en son déshabillé. Elle lui dit :

«Ma mère-grand, que vous avez de grands bras !
– C'est pour mieux t'embrasser, ma fille !
– Ma mère-grand, que vous avez de grandes jambes !
– C'est pour mieux courir, mon enfant !
– Ma mère-grand que vous avez de grandes oreilles !
– C'est pour mieux écouter, mon enfant !
– Ma mère-grand, que vous avez de grands yeux !
– C'est pour mieux voir, mon enfant !
– Ma mère-grand, que vous avez de grandes dents !
– C'est pour te manger !»

Et, en disant ces mots, ce méchant Loup se jeta sur le petit Chaperon rouge, et la mangea.

Moralité

On voit ici que de jeunes enfants,
Surtout de jeunes filles,
Belles, bien faites et gentilles,
Font très mal d'écouter toute sorte de gens,
Et que ce n'est pas chose étrange
S'il en est tant que le loup mange.
Je dis le loup, car tous les loups
Ne sont pas de la même sorte :
Il en est d'une humeur accorte,
Sans bruit, sans fiel et sans courroux,
Qui, privés, complaisants et doux,
Suivent les jeunes Demoiselles
Jusque dans les maisons, jusque dans les ruelles.
Mais, hélas ! qui ne sait que ces loups doucereux
De tous les loups sont les plus dangereux !

Das kleine Rotkäppchen zieht sich aus, geht hin und legt sich in das Bett, wo es zu seinem allergrößten Erstaunen sah, wie seine Großmutter ohne Kleider beschaffen war. Es sagte zu ihr:

«Großmutter, was habt Ihr für große Arme!»
«Damit ich dich besser umarmen kann, mein Kind!»
«Großmutter, was habt Ihr für große Beine!»
«Damit ich besser laufen kann, mein Kind!»
«Großmutter, was habt Ihr für große Ohren!»
«Damit ich besser hören kann, mein Kind!»
«Großmutter, was habt Ihr für große Augen!»
«Damit ich besser sehen kann, mein Kind!»
«Großmutter, was habt Ihr für große Zähne!»
«Damit ich dich fressen kann!»

Und mit diesen Worten stürzte sich der böse Wolf auf Rotkäppchen und fraß es.

Moral

Hier sieht man, dass ein jedes Kind
und dass die kleinen Mädchen (die schon gar,
so hübsch und fein, so wunderbar!)
sehr übel tun, wenn sie vertrauensselig sind,
und dass es nicht erstaunlich ist,
wenn dann ein Wolf so viele frisst.
Ich sag: ein Wolf; denn alle Wölfe haben
beileibe nicht die gleiche Art:
Da gibt es welche, die ganz zart,
ganz freundlich leise, ohne Böses je zu sagen,
gefällig, mild, mit artigem Betragen
die jungen Damen scharf ins Auge fassen
und ihnen folgen in die Häuser, durch die Gassen.
Doch ach, ein jeder weiß, gerade sie, die zärtlich werben,
gerade diese Wölfe locken ins Verderben.

LA BARBE-BLEUE

Il était une fois un homme qui avait de belles maisons à la ville et à la campagne, de la vaisselle d'or et d'argent, des meubles en broderie, et des carrosses tout dorés. Mais par malheur cet homme avait la barbe bleue : cela le rendait si laid et si terrible, qu'il n'était ni femme ni fille qui ne s'enfuît de devant lui.

Une de ses voisines, dame de qualité, avait deux filles parfaitement belles. Il lui en demanda une en mariage, et lui laissa le choix de celle qu'elle voudrait lui donner. Elles n'en voulaient point toutes deux, et se le renvoyaient l'une à l'autre, ne pouvant se résoudre à prendre un homme qui eût la barbe bleue. Ce qui les dégoûtait encore, c'est qu'il avait déjà épousé plusieurs femmes, et qu'on ne savait ce que ces femmes étaient devenues.

La Barbe-Bleue, pour faire connaissance, les mena avec leur mère, et trois ou quatre de leurs meilleures amies, et quelques jeunes gens du voisinage, à une de ses maisons de campagne, où on demeura huit jours entiers. Ce n'était que promenades, que parties de chasse et de pêche, que danses et festins, que collations : on ne dormait point, et on passait toute la nuit à se faire des malices les uns aux autres ; enfin tout alla si bien, que la cadette commença à trouver que le maître du logis n'avait plus la barbe si bleue, et que c'était un fort honnête homme. Dès qu'on fut de retour à la ville, le mariage se conclut.

Au bout d'un mois la Barbe-Bleue dit à sa femme qu'il était obligé de faire un voyage en province, de six semaines au moins, pour une affaire de conséquence ; qu'il la priait de se bien divertir pendant son absence ; qu'elle fît venir ses bonnes amies ;

BLAUBART

Es war einmal ein Mann, der hatte schöne Häuser in der Stadt und auf dem Lande, goldenes und silbernes Geschirr, reich verzierte Möbel und vergoldete Karossen. Aber zu seinem Unglück hatte dieser Mann einen blauen Bart, und das machte ihn so hässlich und schrecklich, dass es keine Frau und kein Mädchen gab, die nicht vor ihm weggelaufen wäre.

Eine seiner Nachbarinnen, eine Dame von Stand, hatte zwei vollendet schöne Töchter. Er erbat eine der beiden zur Ehe, wobei er ihr die Wahl ließ, welche sie ihm geben wollte. Beide mochten ihn um keinen Preis haben und schoben ihn sich gegenseitig zu, weil keine sich entschließen konnte, einen Mann zu nehmen, der einen blauen Bart hatte. Außerdem stieß es sie ab, dass er schon mehrere Frauen geheiratet hatte, und dass niemand wusste, was aus diesen Frauen geworden war.

Um Bekanntschaft zu schließen, führte Blaubart sie mit ihrer Mutter und drei oder vier ihrer besten Freundinnen sowie einigen jungen Leuten aus der Nachbarschaft in eines seiner Landhäuser, wo man volle acht Tage zubrachte. Da gab es nichts als Spazierfahrten, Ausflüge zur Jagd und zum Fischen, Bälle, Bankette und Schmausereien: geschlafen wurde überhaupt nicht, und die ganze Nacht wurde damit zugebracht, miteinander zu scherzen – kurz, alles geriet so wohl, daß die Jüngere endlich fand, der Herr des Hauses habe eigentlich keinen gar so blauen Bart mehr und sei ein höchst ehrenwerter Mann. Gleich nach der Rückkehr in die Stadt wurde die Ehe geschlossen.

Als ein Monat vergangen war, sagte Blaubart zu seiner Frau, er sehe sich gezwungen, wegen eines wichtigen Geschäftes eine Reise von wenigstens sechs Wochen über Land zu machen; er bitte sie, sich während seiner Abwesenheit alle Zerstreuungen zu gönnen, ihre guten Freundinnen kom-

qu'elle les menât à la campagne si elle voulait; que partout elle fît bonne chère.

«Voilà, lui dit-il, les clefs des deux grands garde-meubles; voilà celles de la vaisselle d'or et d'argent qui ne sert pas tous les jours; voilà celles de mes coffres-forts, où est mon or et mon argent; celles des cassettes où sont mes pierreries, et voilà le passe-partout de tous les appartements. Pour cette petite clef-ci, c'est la clef du cabinet au bout de la grande galerie de l'appartement bas: ouvrez tout, allez partout; mais pour ce petit cabinet je vous défends d'y entrer, et je vous le défends de telle sorte, que s'il vous arrive de l'ouvrir, il n'y a rien que vous ne deviez attendre de ma colère.»

Elle promit d'observer exactement tout ce qui lui venait d'être ordonné, et lui, après l'avoir embrassée, il monte dans son carrosse, et part pour son voyage.

Les voisines et les bonnes amies n'attendirent pas qu'on les envoyât quérir pour aller chez la jeune mariée, tant elles avaient d'impatience de voir toutes les richesses de sa maison, n'ayant osé y venir pendant que le mari y était, à cause de sa barbe bleue qui leur faisait peur. Les voilà aussitôt à parcourir les chambres, les cabinets, les garde-robes, toutes plus belles et plus riches les unes que les autres. Elles montèrent ensuite aux garde-meubles, où elles ne pouvaient assez admirer le nombre et la beauté des tapisseries, des lits, des sophas, des cabinets, des guéridons, des tables et des miroirs, où l'on se voyait depuis les pieds jusqu'à la tête, et dont les bordures, les unes de glace, les autres d'argent, et de vermeil doré, étaient les plus belles et les plus magnifiques qu'on eût jamais vues. Elles ne cessaient d'exagérer

men zu lassen, sie spazierenzuführen und es sich stets und allenthalben wohl schmecken zu lassen.

«Hier gebe ich Euch», sagte er zu ihr, «die Schlüssel zu den beiden großen Möbelspeichern; hier sind die für das goldene und für das silberne Geschirr, das nicht alle Tage benutzt wird; hier sind die zu meinen Geldschränken, in denen mein Gold und mein Silber liegt; hier sind die zu den Schatullen, in denen meine Juwelen liegen, und hier ist der Hauptschlüssel für alle Gemächer. Dieser kleine Schlüssel aber ist der Schlüssel zu dem Zimmer am Ende des Korridors in der unteren Wohnung. Öffnet alles, geht überall hin, aber ich verbiete Euch, in dieses kleine Zimmer einzutreten, und zwar verbiete ich es Euch so streng, dass wenn es Euch einfallen sollte, es zu öffnen, Ihr alles nur Erdenkliche von meinem Zorn zu gewärtigen habt.»

Sie versprach, alles genau zu befolgen, was ihr befohlen worden war, und er stieg, nachdem er ihr einen Kuss gegeben hatte, in seine Karosse und begab sich auf die Reise.

Die Nachbarinnen und die guten Freundinnen warteten nicht erst ab, bis man sie holen kam, um die junge Frau zu besuchen; so ungeduldig waren sie, sich alle Reichtümer ihres Hauses anzusehen. Sie hatten es nicht gewagt, zu kommen, solange der Ehemann da war, wegen seines blauen Bartes, der ihnen Angst machte. Jetzt aber durchstöberten sie sogleich die Gemächer, die Zimmer und die Kleiderkammern, von denen jede noch schöner und reicher war als die andere. Dann gingen sie hinauf in die Möbelspeicher, wo sie sich nicht genugtun konnten vor Bewunderung angesichts der Fülle und der Schönheit der Wandteppiche, der Betten, der Sofas, der Schubladenschränke, der Tischchen und Tische und der Spiegel, in denen man sich von Kopf zu Fuß betrachten konnte – und das alles war verziert, einmal mit Spiegelglas, das andere Mal mit Silber und feuervergoldetem Silber, so schön und so prächtig, wie man es noch nie gesehen hatte.

et d'envier le bonheur de leur amie, qui cependant ne se divertissait point à voir toutes ces richesses, à cause de l'impatience qu'elle avait d'aller ouvrir le cabinet de l'appartement bas.

Elle fut si pressée de sa curiosité, que sans considérer qu'il était malhonnête de quitter sa compagnie, elle y descendit par un petit escalier dérobé, et avec tant de précipitation, qu'elle pensa se rompre le cou deux ou trois fois. Étant arrivée à la porte du cabinet, elle s'y arrêta quelque temps, songeant à la défense que son mari lui avait faite, et considérant qu'il pourrait lui arriver malheur d'avoir été désobéissante; mais la tentation était si forte qu'elle ne put la surmonter: elle prit donc la petite clef, et ouvrit en tremblant la porte du cabinet.

D'abord elle ne vit rien, parce que les fenêtres étaient fermées. Après quelques moments elle commença à voir que le plancher était tout couvert de sang caillé, et que dans ce sang se miraient les corps de plusieurs femmes mortes, et attachées le long des murs (c'était toutes les femmes que la Barbe-Bleue avait épousées et qu'il avait égorgées l'une après l'autre). Elle pensa mourir de peur, et la clef du cabinet qu'elle venait de retirer de la serrure lui tomba de la main.

Après avoir un peu repris ses esprits, elle ramassa la clef, referma la porte, et monta à sa chambre pour se remettre un peu; mais elle n'en pouvait venir à bout, tant elle était émue.

Ayant remarqué que la clef du cabinet était tachée de sang, elle l'essuya deux ou trois fois; mais le sang ne s'en allait point: elle eut beau la laver, et même la frotter avec du sablon et avec du grès, il y demeura toujours du sang, car la clef était fée, et il n'y avait

Sie wurden nicht müde, ihre Freundin wegen ihres Glücks zu preisen und zu beneiden. Die aber hatte gar keine Freude daran, alle diese Reichtümer zu betrachten; so ungeduldig war sie, das Zimmer in der unteren Wohnung zu öffnen.

Ihre Neugier plagte sie derart, dass sie gar nicht bedachte, wie ungezogen es war, ihre Gäste zu verlassen, sondern über eine kleine Geheimtreppe hinunterlief, und zwar mit solcher Eile, dass sie zwei- oder dreimal meinte, sie würde sich den Hals brechen. Als sie vor der Tür zu dem Zimmer angelangt war, blieb sie eine Weile stehen, weil ihr das Verbot einfiel, das ihr Mann ausgesprochen hatte, und weil sie bedachte, es könne ihr ein Unglück zustoßen, wenn sie ungehorsam sei. Aber die Versuchung war zu groß, sie konnte sie nicht überwinden; deshalb nahm sie den kleinen Schlüssel und öffnete zitternd die Tür zu dem Zimmer.

Zunächst konnte sie nichts sehen, weil die Fensterläden geschlossen waren. Nach einigen Augenblicken aber begann sie zu erkennen, dass der Fußboden ganz mit geronnenem Blut bedeckt war und dass sich in diesem Blut die Körper von mehreren toten Frauen spiegelten, die an den Wänden festgebunden waren – das waren all die Frauen, die Blaubart geheiratet und eine nach der anderen ermordet hatte. Sie meinte vor Angst zu sterben, und der Schlüssel zu dem Zimmer, den sie eben aus dem Schloss gezogen hatte, fiel ihr aus der Hand.

Als sie wieder etwas zu Sinnen gekommen war, hob sie den Schlüssel auf, schloss die Tür wieder zu und ging in ihr Gemach, um sich ein wenig zu erholen; aber das wollte ihr nicht gelingen, so aufgeregt war sie.

Weil sie bemerkt hatte, dass der Schlüssel zu dem Zimmer mit Blut befleckt war, putzte sie ihn zwei- oder dreimal; aber das Blut ging nicht ab: sie konnte ihn noch so sehr waschen und sogar mit Sand und mit Scheuerstein behandeln, es blieb immer Blut daran, weil der Schlüssel verzaubert war.

pas moyen de la nettoyer tout à fait : quand on ôtait le sang d'un côté, il revenait de l'autre.

La Barbe-Bleue revint de son voyage dès le soir même, et dit qu'il avait reçu des lettres dans le chemin, qui lui avaient appris que l'affaire pour laquelle il était parti, venait d'être terminée à son avantage. Sa femme fit tout ce qu'elle put pour lui témoigner qu'elle était ravie de son prompt retour.

Le lendemain il lui redemanda les clefs ; et elle les lui donna, mais d'une main si tremblante, qu'il devina sans peine tout ce qui s'était passé.

« D'où vient, lui dit-il, que la clef du cabinet n'est point avec les autres ?

– Il faut, dit-elle, que je l'aie laissée là-haut sur ma table.

– Ne manquez pas, dit la Barbe-Bleue, de me la donner tantôt. »

Après plusieurs remises il fallut apporter la clef. La Barbe-Bleue l'ayant considérée, dit à sa femme :

« Pourquoi y a-t-il du sang sur cette clef ?

– Je n'en sais rien, répondit la pauvre femme, plus pâle que la mort.

– Vous n'en savez rien ! reprit la Barbe-Bleue. Je le sais bien, moi, vous avez voulu entrer dans le cabinet ! Hé bien, Madame, vous y entrerez, et irez prendre votre place auprès des dames que vous y avez vues. »

Elle se jeta aux pieds de son mari, en pleurant et en lui demandant pardon, avec toutes les marques d'un vrai repentir de n'avoir pas été obéissante. Elle aurait attendri un rocher, belle et affligée comme elle était ; mais la Barbe-Bleue avait le cœur plus dur qu'un rocher.

Es gab keine Möglichkeit, ihn ganz zu säubern: wenn man das Blut auf der einen Seite entfernte, kam es auf der anderen wieder heraus.

Blaubart kehrte noch am selben Abend von seiner Reise zurück und sagte, er habe unterwegs Briefe erhalten, aus denen er erfahren habe, dass sich das Geschäft, zu dem er ausgezogen sei, soeben zu seinem Vorteil erledigt habe. Seine Frau tat alles, was sie konnte, um ihm zu zeigen, wie hoch erfreut sie über seine rasche Heimkehr sei.

Am anderen Morgen verlangte er ihr die Schlüssel wieder ab, und sie gab sie ihm; aber ihre Hand zitterte dabei so sehr, dass er ohne Mühe alles erriet, was geschehen war.

«Wie kommt es», sagte er zu ihr, «dass der Schlüssel zu dem Zimmer nicht mit dabei ist?»

«Den muss ich», sagte sie, «wohl oben auf meinem Tisch liegengelassen haben.»

«So verfehlt nicht», sagte Blaubart, «ihn mir nachher gleich zu geben.»

Nach mehreren Aufschüben musste der Schlüssel endlich gebracht werden. Nachdem Blaubart ihn betrachtet hatte, sagte er zu seiner Frau:

«Warum ist Blut auf diesem Schlüssel?»

«Das weiß ich nicht», erwiderte die arme Frau, blasser als der Tod.

«Das wisst Ihr nicht?» versetzte Blaubart. «Ich weiss es aber genau. Ihr habt in das Zimmer gehen wollen! Nun wohl, Madame, Ihr sollt hineingehen und sollt Euren Platz einnehmen neben den Damen, die Ihr dort gesehen habt.»

Die Frau warf sich weinend ihrem Mann zu Füßen und bat ihn mit allen Zeichen echter Reue um Verzeihung dafür, dass sie ihm nicht gehorsam gewesen sei. Sie hätte einen Stein erweichen können, so schön und so betrübt wie sie war, aber Blaubart hatte ein Herz, das noch härter war als ein Stein.

«Il faut mourir, Madame, lui dit-il, et tout à l'heure.

– Puisqu'il faut mourir, répondit-elle en le regardant, les yeux baignés de larmes, donnez-moi un peu de temps pour prier Dieu.

– Je vous donne un demi-quart d'heure, reprit la Barbe-Bleue, mais pas un moment davantage.»

Lorsqu'elle fut seule, elle appela sa sœur, et lui dit:

«Ma sœur Anne (car elle s'appelait ainsi), monte, je te prie, sur le haut de la tour, pour voir si mes

«Ihr müsst sterben, Madame», sagte er zu ihr, «und zwar sofort.»

«Wenn ich schon sterben muss», antwortete sie und sah ihn an mit ihren Augen, die in Tränen schwammen, «so gebt mir ein wenig Zeit, dass ich zu Gott bete.»

«Ich gebe Euch ein halbes Viertelstündchen», versetzte Blaubart, «aber nicht einen Augenblick mehr.»

Als sie allein war, rief sie ihre Schwester und sprach zu ihr:

«Liebe Schwester Anne» (denn so hieß sie), «ich bitte dich, steige oben auf den Turm und sieh, ob nicht meine

frères ne viennent point: ils m'ont promis qu'ils me viendraient voir aujourd'hui; et si tu les vois, fais-leur signe de se hâter.»

La sœur Anne monta sur le haut de la tour; et la pauvre affligée lui criait de temps en temps:

«Anne, ma sœur Anne, ne vois-tu rien venir?»

Et la sœur Anne lui répondait:

«Je ne vois rien que le soleil qui poudroie et l'herbe qui verdoie.»

Cependant la Barbe-Bleue tenant un grand coutelas à sa main, criait de toute sa force à sa femme:

«Descends vite, ou je monterai là-haut.

– Encore un moment s'il vous plaît», lui répondait sa femme, et aussitôt elle criait tout bas:

«Anne, ma sœur Anne, ne vois-tu rien venir?»

Et la sœur Anne répondait:

«Je ne vois rien que le soleil qui poudroie et l'herbe qui verdoie.

– Descends donc vite, criait la Barbe-Bleue, ou je monterai là-haut.

– Je m'en vais», répondait sa femme; et puis elle criait:

«Anne, ma sœur Anne, ne vois-tu rien venir?

– Je vois, répondit la sœur Anne, une grosse poussière qui vient de ce côté-ci...

– Sont-ce mes frères?

– Hélas! non, ma sœur: c'est un troupeau de moutons...

– Ne veux-tu pas descendre? criait la Barbe-Bleue.

– Encore un moment», répondait sa femme; et puis elle criait:

«Anne, ma sœur Anne, ne vois-tu rien venir?

– Je vois, répondit-elle, deux cavaliers qui viennent de ce côté-ci, mais ils sont bien loin encore.

Brüder kommen: sie haben mir versprochen, mich heute zu besuchen. Und wenn du sie siehst, so gib ihnen Zeichen, dass sie sich beeilen.»

Die Schwester Anne stieg oben auf den Turm, und die arme betrübte Frau rief ihr von Zeit zu Zeit zu:

«Anne, liebe Schwester Anne, siehst du nichts kommen?»

Und die Schwester Anne antwortete ihr:

«Ich sehe nichts als die Sonne, die stäubt, und das Gras, das grünt.»

Unterdessen rief Blaubart, der ein großes Jagdmesser in der Hand hielt, aus Leibeskräften nach seiner Frau:

«Komm sofort herunter, oder ich steige hinauf!»

«Noch einen Augenblick, wenn es Euch beliebt», antwortete ihm seine Frau, und gleich danach rief sie leise:

«Anne, liebe Schwester Anne, siehst du nichts kommen?»

Und die Schwester Anne antwortete:

«Ich sehe nur die Sonne, die stäubt, und das Gras, das grünt.»

«Nun komm schon herunter», rief Blaubart, «oder ich steige hinauf!»

«Ich gehe gleich», antwortete seine Frau, und dann rief sie:

«Anne, liebe Schwester Anne, siehst du nichts kommen?»

«Ich sehe», antwortete die Schwester Anne, «eine dicke Staubwolke, die hierher kommt...»

«Sind es meine Brüder?»

«Ach, leider nicht, liebe Schwester: es ist nur eine Schafherde...»

«Willst du nicht herunterkommen?» rief Blaubart.

«Noch einen Augenblick», antwortete seine Frau, und dann rief sie:

«Anne, liebe Schwester Anne, siehst du nichts kommen?»

«Ich sehe», antwortete sie, «zwei Reiter, die hierher kommen, aber sie sind noch weit weg.»

« – Dieu soit loué! s'écria-t-elle un moment après, ce sont mes frères; je leur fais signe tant que je puis de se hâter.»

La Barbe-Bleue se mit à crier si fort que toute la maison en trembla. La pauvre femme descendit, et alla se jeter à ses pieds toute éplorée et tout échevellée.

«Cela ne sert de rien, dit la Barbe-Bleu; il faut mourir.»

Puis, la prenant d'une main par les cheveux, et de l'autre levant le coutelas en l'air, il allait lui abattre la tête. La pauvre femme se tournant vers lui, et le regardant avec des yeux mourants, le pria de lui donner un petit moment pour se recueillir.

«Non, non, dit-il, recommande-toi bien à Dieu»; et, levant son bras...

Dans ce moment on heurta si fort à la porte, que la Barbe-Bleue s'arrêta tout court. On ouvrit, et aussitôt on vit entrer deux cavaliers, qui mettant l'épée à la main, coururent droit à la Barbe-Bleue.

Il reconnut que c'était les frères de sa femme, l'un dragon et l'autre mousquetaire, de sorte qu'il s'enfuit aussitôt pour se sauver; mais les deux frères le poursuivirent de si près, qu'ils l'attrapèrent avant qu'il pût gagner le perron. Ils lui passèrent leur épée au travers du corps, et le laissèrent mort. La pauvre femme était presque aussi morte que son mari, et n'avait pas la force de se lever pour embrasser ses frères.

Il se trouva que la Barbe-Bleue n'avait point d'héritiers, et qu'ainsi sa femme demeura maîtresse de tous ses biens. Elle en employa une partie à marier sa sœur Anne avec un jeune gentilhomme, dont elle était aimée depuis longtemps; une autre partie à

«Gott sei gelobt!» rief sie einen Augenblick später, «es sind meine Brüder. Ich gebe ihnen Zeichen, so gut ich kann, dass sie sich beeilen.»

Blaubart begann so laut zu schreien, dass das ganze Haus davon bebte. Die arme Frau ging hinunter und warf sich ihm ganz verweint und mit zerzausten Haaren zu Füßen.

«Das nützt dir nichts», sagte Blaubart, «du musst sterben.»

Damit packte er sie mit der einen Hand bei den Haaren, hob die andere mit dem Jagdmesser in die Höhe und schickte sich an, ihr den Kopf abzuschlagen. Die arme Frau wandte sich ihm zu, sah ihn mit sterbendem Blick an und bat ihn, ihr noch einen kleinen Augenblick zu gönnen, um sich zu sammeln.

«Nein, nein», sagte er, «befiehl dich Gott.» Und dann hob er seinen Arm ...

In diesem Augenblick klopfte es so heftig an die Tür, dass Blaubart auf der Stelle innehielt. Die Tür ging auf, und sogleich sah man zwei Reitersleute eintreten, die sich mit dem Degen in der Hand geradewegs auf Blaubart stürzten.

Er sah, dass es die Brüder seiner Frau waren, der eine ein Dragoner und der andere ein Musketier. Deshalb lief er gleich weg, um sich in Sicherheit zu bringen; aber die zwei Brüder blieben ihm so hart auf den Fersen, dass sie ihn einholten, noch ehe er die Freitreppe hatte erreichen können. Sie stießen ihm ihren Degen durch den Leib und ließen ihn tot liegen. Die arme Frau war beinahe ebenso tot wie ihr Mann und hatte nicht einmal genug Kraft, um aufzustehen und ihre Brüder zu umarmen.

Es stellte sich heraus, dass Blaubart keine Erben hatte und dass seine Frau demnach Herrin über sein gesamtes Vermögen blieb. Einen Teil davon verwandte sie, um ihre Schwester Anne mit einem jungen Edelmann zu verheiraten, der sie schon lange liebhatte, einen anderen Teil, um für ihre zwei

acheter des charges de capitaine à ses deux frères; et le reste à se marier elle-même à un fort honnête homme, qui lui fit oublier le mauvais temps qu'elle avait passé avec la Barbe-Bleue.

Moralité

La curiosité, malgré tous ses attraits,
Coûte souvent bien des regrets;
On en voit, tous les jours, mille exemples paraître.
C'est, n'en déplaise au sexe, un plaisir bien léger,
Dès qu'on le prend, il cesse d'être,
Et toujours il coûte trop cher.

Autre Moralité

Pour peu qu'on ait l'esprit sensé,
Et que du monde on sache le grimoire,
On voit bientôt que cette histoire
Est un conte du temps passé.
Il n'est plus d'époux si terrible,
Ni qui demande l'impossible,
Fût-il malcontent et jaloux.
Près de sa femme on le voit filer doux;
Et, de quelque couleur que sa barbe puisse être,
On a peine à juger qui des deux est le maître.

Brüder Hauptmannstellen zu kaufen, und den Rest, um sich selbst mit einem sehr ehrenwerten Mann zu verheiraten, der sie die böse Zeit vergessen ließ, die sie mit Blaubart verbracht hatte.

Moral

Die Neugier bringt uns Reize ständig neue,
doch kostet sie auch häufig Reue;
man findet täglich Tausende darin.
Sie ist, ihr Damen, mit Verlaub, nur Tändelei;
kaum hat man ihr gefrönt, ist sie dahin,
und teuer kommt sie, kaum dass sie vorbei.

Weitere Moral

Wär einer auch kein Deut gescheit
und kennte sich kaum aus im Zauberbuch der Welt,
er wüsste doch, wenn ihm dies Stück gefällt:
es ist ein Märchen aus vergangener Zeit.
Die Zeit der strengen Gatten ist vergangen,
und keiner wird Unmögliches verlangen,
auch wenn ihn Eifersucht und Missmut plagen.
Er sitzt bei seiner Frau, was Hübsches ihr zu sagen;
und welche Farbe auch der Bart hat, der ihn ziert,
mit Mühe nur erkennt man, wer hier wohl regiert.

LE MAITRE CHAT
ou LE CHAT BOTTÉ

Un meunier ne laissa pour tous biens à trois enfants qu'il avait, que son moulin, son âne, et son chat. Les partages furent bientôt faits; ni le notaire, ni le procureur n'y furent point appelés. Ils auraient eu bientôt mangé tout le pauvre patrimoine. L'aîné eut le moulin, le second eut l'âne, et le plus jeune n'eut que le chat.

Ce dernier ne pouvait se consoler d'avoir un si pauvre lot:

«Mes frères, disait-il, pourront gagner leur vie honnêtement en se mettant ensemble; pour moi, lorsque j'aurai mangé mon chat, et que je me serai fait un manchon de sa peau, il faudra que je meure de faim.»

Le Chat, qui entendait ce discours, mais qui n'en fit pas semblant, lui dit d'un air posé et sérieux:

«Ne vous affligez point, mon maître; vous n'avez qu'à me donner un sac, et me faire faire une paire de bottes pour aller dans les broussailles, et vous verrez que vous n'êtes pas si mal partagé que vous croyez.»

Quoique le maître du Chat ne fît pas grand fond là-dessus, il lui avait vu faire tant de tours de souplesse, pour prendre des rats et des souris, comme quand il se pendait par les pieds, ou qu'il se cachait dans la farine pour faire le mort, qu'il ne désespéra pas d'en être secouru dans sa misère.

Lorsque le Chat eut ce qu'il avait demandé, il se botta bravement, et mettant son sac à son cou, il en prit les cordons avec ses deux pattes de devant, et s'en alla dans une garenne où il y avait grand nom-

DER MEISTERKATER
oder DER GESTIEFELTE KATER

Ein Müller hinterließ als einziges Vermögen den drei Kindern, die er hatte, nur seine Mühle, seinen Esel und seinen Kater. Die Teilung war bald gemacht; weder Notar noch Prokurator wurden dazu gerufen – die hätten das armselige Erbe nur zu rasch verzehrt gehabt. Der Älteste bekam die Mühle, der Zweite bekam den Esel, und der Jüngste bekam nur den Kater.

Dieser Jüngste war untröstlich, einen so geringen Anteil bekommen zu haben.

«Meine Brüder», sagte er, «können ihren Lebensunterhalt ehrlich verdienen, indem sie sich zusammentun; mir aber, wenn ich meinen Kater gegessen und mir aus seinem Fell einen Muff gemacht habe, mir bleibt nichts, als Hungers zu sterben.»

Der Kater, der diese Rede hörte, es sich aber nicht merken ließ, sagte mit gewichtiger und ernsthafter Miene zu ihm:

«Seid nicht traurig, mein Herr; Ihr braucht mir nur einen Sack zu geben und mir ein Paar Stiefel machen zu lassen, mit denen ich durch das Gestrüpp laufen kann, und Ihr sollt sehen, dass Ihr nicht so schlecht gefahren seid, wie Ihr glaubt.»

Obwohl der Herr des Katers nicht allzu sehr darauf baute, hatte er ihn immerhin so viele geschickte Streiche machen sehen, um Ratten oder Mäuse zu fangen (indem er sich etwa an den Füßen aufhängte oder sich im Mehl versteckte und tot stellte), dass er durchaus nicht ohne Hoffnung war, von ihm Hilfe in seinem Elend zu erfahren.

Als der Kater über das verfügte, was er verlangt hatte, zog er sich keck die Stiefel an, nahm seinen Sack um den Hals, wobei er die Bänder mit den Vorderpfoten festhielt, und lief schnurstracks zu einem Revier, in dem es eine große Zahl

bre de lapins. Il mit du son et des lacerons dans son sac, et s'étendant comme s'il eût été mort, il attendit que quelque jeune lapin, peu instruit encore des ruses de ce monde, vînt se fourrer dans son sac pour manger ce qu'il y avait mis.

A peine fut-il couché, qu'il eut contentement: un jeune étourdi de lapin entra dans son sac, et le maître Chat, tirant aussitôt les cordons, le prit et le tua sans miséricorde.

Tout glorieux de sa proie, il s'en alla chez le Roi et demanda à lui parler. On le fit monter à l'appartement de Sa Majesté, où étant entré il fit une grande révérence au Roi, et lui dit:

«Voilà, Sire, un lapin de garenne que monsieur le marquis de Carabas (c'était le nom qu'il lui prit en gré de donner à son maître) m'a chargé de vous présenter de sa part.

– Dis à ton maître, répondit le Roi, que je le remercie, et qu'il me fait plaisir.»

von Kaninchen gab. Er tat Kleie und Korndisteln in seinen Sack, legte sich längelang hin, als wäre er tot, und wartete, dass irgendein junges und mit den Tücken dieser Welt noch wenig vertrautes Kaninchen in seinen Sack kriechen möchte, um zu fressen, was er hineingetan hatte.

Kaum hatte er sich ausgestreckt, da hatte er schon Erfolg: ein junges, unbedachtes Kaninchen schlüpfte in seinen Sack, und Meister Kater zog sogleich die Bänder zu, griff es und tötete es ohne Erbarmen.

Stolz auf seine Beute lief er schnurstracks zum König und verlangte ihn zu sprechen. Man ließ ihn in die Gemächer Seiner Majestät kommen, wo er gleich beim Eintreten eine tiefe Verbeugung vor dem König machte und zu ihm sagte:

«Hier bringe ich Euch, Sire, ein Wildkaninchen. Der Herr Marquis von Carabas» (diesen Namen geruhte er seinem Herrn zu geben) «hat mich beauftragt, es Euch von ihm zu überbringen.»

«Sag deinem Herrn», gab der König zur Antwort, «dass ich ihm danke und dass er mir damit eine Freude macht.»

Une autre fois il alla se cacher dans un blé, tenant toujours son sac ouvert, et, lorsque deux perdrix y furent entrées, il tira les cordons, et les prit toutes deux. Il alla ensuite les présenter au Roi, comme il avait fait du lapin de garenne. Le Roi reçut encore avec plaisir les deux perdrix, et lui fit donner pour boire.

Le Chat continua ainsi pendant deux ou trois mois à porter de temps en temps au Roi du gibier de la chasse de son maître. Un jour qu'il sut que le Roi devait aller à la promenade sur le bord de la rivière avec sa fille, la plus belle princesse du monde, il dit à son maître:

«Si vous voulez suivre mon conseil, votre fortune est faite: vous n'avez qu'à vous baigner dans la rivière à l'endroit que je vous montrerai, et ensuite me laisser faire.»

Le marquis de Carabas fit ce que son chat lui conseillait, sans savoir à quoi cela serait bon. Dans le temps qu'il se baignait, le Roi vint à passer, et le Chat se mit à crier de toute sa force:

«Au secours! au secours! voilà monsieur le marquis de Carabas qui se noie!»

A ce cri, le Roi mit la tête à la portière, et reconnaissant le Chat qui lui avait apporté tant de fois du gibier, il ordonna à ses gardes qu'on allât vite au secours de monsieur le marquis de Carabas.

Pendant qu'on retirait le pauvre marquis de la rivière, le Chat s'approcha du carrosse, et dit au Roi que dans le temps que son maître se baignait, il était venu des voleurs qui avaient emporté ses habits, quoiqu'il eût crié *au voleur* de toute sa force: le drôle les avait cachés sous une grosse pierre.

Le Roi ordonna aussitôt aux officiers de sa garde-

Ein anderes Mal versteckte er sich in einem Kornfeld und hielt wieder seinen Sack auf, und als zwei Rebhühner hineingelaufen waren, zog er die Bänder zu und griff sie beide. Dann brachte er sie dem König, genau so, wie er es mit dem Wildkaninchen getan hatte. Der König nahm die zwei Rebhühner wiederum mit Vergnügen und ließ ihm ein Trinkgeld geben.

Zwei oder drei Monate fuhr der Kater fort, dem König von Zeit zu Zeit ein Wildbret von der Jagd seines Herrn zu bringen. Eines Tages aber hörte er, dass der König am Ufer des Flusses spazierenfahren sollte, und zwar zusammen mit seiner Tochter, der schönsten Prinzessin auf der Welt, und er sprach zu seinem Herrn:

«Wenn Ihr meinem Rat folgen wollt, so ist Euer Glück gemacht: Ihr braucht nur im Fluss zu baden an einer bestimmten Stelle, die ich Euch zeigen will, und dann lasst mich machen.»

Der Marquis von Carabas tat, was ihm sein Kater riet, ohne zu wissen, wozu das gut sein mochte. Während er gerade badete, kam der König vorbei, und der Kater begann aus vollem Halse zu rufen:

«Hilfe! Hilfe! Der Herr Marquis von Carabas ist am Ertrinken!»

Auf dieses Geschrei hin steckte der König den Kopf aus der Wagentür, und als er den Kater erkannte, der ihm so oft Wildbret gebracht hatte, befahl er seinen Leibwächtern, man möge rasch dem Herrn Marquis von Carabas zu Hilfe eilen.

Während man den armen Marquis von Carabas aus dem Fluss zog, ging der Kater auf die Karosse zu und erzählte, dem König, dass, während sein Herr gebadet habe, Diebe gekommen seien, die seine Kleider mitgenommen hätten, obwohl er aus vollem Halse «Haltet den Dieb» gerufen habe; der pfiffige Kater hatte sie unter einem Stein versteckt.

Der König befahl sogleich den Offizieren seiner Leibgarde,

robe d'aller quérir un de ses plus beaux habits pour monsieur le marquis de Carabas. Le Roi lui fit mille caresses, et comme les beaux habits qu'on venait de lui donner relevaient sa bonne mine (car il était beau, et bien fait de sa personne), la fille du Roi le trouva fort à son gré, et le marquis de Carabas ne lui eut pas jeté deux ou trois regards fort respectueux, et un peu tendres, qu'elle en devint amoureuse à la folie.

Le Roi voulut qu'il montât dans son carrosse, et qu'il fût de la promenade. Le Chat, ravi de voir que son dessein commençait à réussir, prit les devants, et ayant rencontré des paysans qui fauchaient un pré, il leur dit:

«Bonnes gens qui fauchez, si vous ne dites au Roi que le pré que vous fauchez appartient à monsieur le marquis de Carabas, vous serez tous hachés menu comme chair à pâté.»

Le Roi ne manqua pas à demander aux faucheurs à qui était ce pré qu'ils fauchaient:

eines seiner schönsten Kleider für den Herrn Marquis von Carabas zu holen, ja, er sagte ihm tausend Freundlichkeiten, und als die schönen Kleider, die man ihm inzwischen gegeben hatte, sein hübsches Gesicht erst zur Geltung brachten (er war nämlich schön und von wohlgeratenem Wuchs), da fand ihn die Tochter des Königs sehr nach ihrem Geschmack, und der Marquis von Carabas hatte ihr kaum zwei oder drei zutiefst ergebene und ein klein wenig zärtliche Blicke zugeworfen, da war sie schon ganz närrisch in ihn verliebt.

Der König bat ihn, in die Karosse zu steigen und an der Spazierfahrt teilzunehmen. Der Kater sah mit Entzücken, dass sein Plan anfing zu gelingen; er lief voraus, und als er ein paar Bauern traf, die eine Wiese mähten, sagte er zu ihnen:

«Ihr guten Leute, wenn ihr nicht zum König sagt, dass die Wiese, die ihr da mäht, dem Herrn Marquis von Carabas gehört, so sollt ihr alle kleingehackt werden wie Pastetenfleisch.»

Der König verfehlte nicht, die Mäher zu fragen, wem die Wiese gehöre, die sie da mähten.

«C'est à monsieur le marquis de Carabas», dirent-ils tous ensemble: car la menace du Chat leur avait fait peur.

«Vous avez là un bel héritage, dit le Roi au marquis de Carabas.

— Vous voyez, Sire, répondit le marquis: c'est un pré qui ne manque point de rapporter abondamment toutes les années.»

Le maître Chat qui allait toujours devant, rencontra des moissonneurs, et leur dit:

«Bonnes gens qui moissonnez, si vous ne dites que tous ces blés appartiennent à monsieur le marquis de Carabas, vous serez tous hachés menu comme chair à pâté.»

Le Roi qui passa un moment après, voulut savoir à qui appartenaient tous les blés qu'il voyait.

«C'est à monsieur le marquis de Carabas», répondirent les moissonneurs, et le Roi s'en réjouit encore avec le marquis.

Le Chat qui allait devant le carrosse, disait toujours la même chose à tous ceux qu'il rencontrait, et le Roi était étonné des grands biens de monsieur le marquis de Carabas.

Le maître Chat arriva enfin dans un beau château dont le maître était un ogre, le plus riche qu'on ait jamais vu; car toutes les terres par où le Roi avait passé étaient de la dépendance de ce château. Le Chat, qui eut soin de s'informer qui était cet ogre, et ce qu'il savait faire, demanda à lui parler, disant qu'il n'avait pas voulu passer si près de son château, sans avoir l'honneur de lui faire la révérence.

L'Ogre le reçut aussi civilement que le peut un ogre, et le fit reposer.

«On m'a assuré, dit le Chat, que vous aviez le don

«Sie gehört dem Herrn Marquis von Carabas», sagten sie alle zugleich; denn die Drohung des Katers hatte ihnen Angst eingejagt.

«Ihr habt da ein schönes Erbteil», sagte der König zum Marquis von Carabas.

«Wie Ihr seht, Sire», erwiderte der Marquis, «das ist eine Wiese, die unfehlbar alle Jahre reiche Ernte bringt.»

Meister Kater, der immer noch vorauslief, traf ein paar Schnitter und sagte zu ihnen:

«Ihr guten Leute, die ihr das Korn schneidet, wenn ihr nicht sagt, dass alle diese Felder dem Herrn Marquis von Carabas gehören, so sollt ihr alle kleingehackt werden wie Pastetenfleisch.»

Als der König einen Augenblick später vorbeikam, wollte er wissen, wem alle diese Kornfelder gehörten, die er sah.

«Sie gehören dem Marquis von Carabas», antworteten die Schnitter. Und der König freute sich auch darüber mit dem Marquis.

Der Kater, der vor der Karosse her lief, sagte immer das gleiche zu allen Leuten, die er traf, und der König war erstaunt über die großen Güter des Herrn Marquis von Carabas.

Endlich kam Meister Kater vor ein schönes Schloss, dessen Besitzer ein böser Zauberer war, der reichste, den man je gesehen hatte; denn alle Ländereien, durch die der König seine Spazierfahrt gemacht hatte, waren diesem Schlosse lehenspflichtig. Der Kater, der sich wohlweislich erkundigt hatte, wer dieser Zauberer war und was er konnte, verlangte ihn zu sprechen, indem er sagte, er habe nicht so nahe an seinem Schloss vorbeiziehen wollen, ohne die Ehre zu haben, ihm seine Aufwartung zu machen.

Der Zauberer empfing ihn so höflich, wie es ein böser Zauberer vermag, und ließ ihn Platz nehmen.

«Man hat mir versichert», sagte der Kater, «dass Ihr die

de vous changer en toute sorte d'animaux; que vous pouviez, par exemple, vous transformer en lion, en éléphant.

– Cela est vrai, répondit l'Ogre brusquement, et pour vous le montrer, vous m'allez voir devenir lion.»

Le Chat fut si effrayé de voir un lion devant lui, qu'il gagna aussitôt les gouttières, non sans peine et sans péril, à cause de ses bottes qui ne valaient rien pour marcher sur les tuiles.

Quelque temps après, le Chat ayant vu que l'Ogre avait quitté sa première forme, descendit et avoua qu'il avait eu bien peur.

«On m'a assuré encore, dit le Chat, mais je ne saurais le croire, que vous aviez aussi le pouvoir de prendre la forme des plus petits animaux, par exemple, de vous changer en un rat, en une souris: je vous avoue que je tiens cela tout à fait impossible.

– Impossible! repit l'Ogre: vous allez voir.»

Et en même temps il se changea en une souris qui se mit à courir sur le plancher. Le Chat ne l'eut pas plus tôt aperçue, qu'il se jeta dessus et la mangea.

Gabe habt, Euch in jede Art von Tier zu verwandeln; dass Ihr Euch also zum Beispiel in einen Löwen oder in einen Elefanten verwandeln könnt.»

«Das ist wahr», erwiderte der Zauberer barsch, «und um es Euch zu beweisen, werdet Ihr gleich sehen, wie ich ein Löwe werde.»

Der Kater war so erschrocken, einen Löwen vor sich zu sehen, dass er sogleich auf die Dachtraufen floh, wahrlich nicht ohne Mühe und Gefahr wegen seiner Stiefel, die nicht dazu taugten, mit ihnen auf den Dachziegeln zu laufen.

Bald darauf, als der Kater gesehen hatte, dass der Zauberer wieder aus seiner ersten Verwandlung geschlüpft war, kam er herunter und gestand, dass er große Angst gehabt habe.

«Man hat mir sogar versichert», sagte der Kater, «aber ich kann es nicht glauben, dass Ihr auch Fähigkeit hättet, die Gestalt der allerkleinsten Tiere anzunehmen, zum Beispiel Euch in eine Ratte oder eine Maus zu verwandeln. Aber ich muss Euch gestehen, ich halte das für ganz unmöglich.»

«Unmöglich?» versetzte der Zauberer. «Schaut her!»

Und im gleichen Augenblick verwandelte er sich in eine Maus, die auf dem Boden umherzulaufen begann. Kaum hatte der Kater sie gesehen, da sprang er zu und fraß sie auf.

Cependant le Roi qui vit en passant le beau château de l'Ogre, voulut entrer dedans. Le Chat qui entendit le bruit du carrosse qui passait sur le pont-levis, courut au-devant, et dit au Roi :

« Votre Majesté soit la bienvenue dans le château de monsieur le marquis de Carabas !

– Comment, monsieur le marquis, s'écria le Roi, ce château est encore à vous ! Il ne se peut rien de plus beau que cette cour et que tous ces bâtiments qui l'environnent ; voyons les dedans, s'il vous plaît. »

Le marquis donna la main à la jeune princesse, et suivant le Roi qui montait le premier, ils entrèrent dans une grande salle où ils trouvèrent une magnifique collation que l'Ogre avait fait préparer pour ses amis, qui le devaient venir voir ce même jour-là, mais qui n'avaient pas osé entrer, sachant que le Roi y était.

Le Roi, charmé des bonnes qualités de monsieur le marquis de Carabas, de même que sa fille qui en était folle, et voyant les grands biens qu'il possédait, lui dit, après avoir bu cinq ou six coups :

« Il ne tiendra qu'à vous, monsieur le marquis, que vous ne soyez mon gendre. »

Le marquis, faisant de grandes révérences, accepta l'honneur que lui faisait le Roi, et dès le même jour épousa la Princesse. Le Chat devint grand seigneur, et ne courut plus après les souris que pour se divertir.

Moralité

Quelque grand que soit l'avantage
De jouir d'un riche héritage

Unterdessen wollte der König, der im Vorbeifahren das schöne Schloss des Zauberers sah, herein kommen. Als der Kater den Lärm der Karosse hörte, die über die Zugbrücke rollte, lief er entgegen und sagte zum König:

«Eure Majestät sei willkommen im Schloss des Herrn Marquis von Carabas!»

«Wie denn, Herr Marquis», rief der König aus, «auch dieses Schloss gehört Euch! Etwas Schöneres als diesen Hof und alle Gebäude, die um ihn herum stehen, kann es nicht geben; sehen wir uns doch einmal das Innere an, wenn es Euch recht ist.»

Der Marquis gab der jungen Prinzessin die Hand, und indem sie dem König folgten, der als erster hineinging, betraten sie einen großen Saal, wo sie einen ausgezeichneten Imbiss vorfanden, den der Zauberer für seine Freunde hatte anrichten lassen, die ihn gerade an diesem Tage besuchen sollten, aber nicht einzutreten gewagt hatten, als sie hörten, der König sei da.

Da der König von den Vorzügen des Herrn Marquis von Carabas entzückt und zudem seine Tochter in ihn vernarrt war und er die großen Güter sah, die er besaß, sprach er zu ihm, nachdem er fünf oder sechs Schlucke getrunken hatte:

«Es liegt nur bei Euch, Herr Marquis, ob Ihr mein Schwiegersohn werden wollt.»

Der Marquis nahm unter tiefen Verbeugungen die Ehre an, die ihm der König erwies, und noch am selben Tage heiratete er die Prinzessin. Der Kater wurde ein großer Herr und stellte den Mäusen fortan nur noch zu seiner Zerstreuung nach.

Moral

Wie groß auch sein mag der Betrag,
den einer glücklich erben mag

Venant à nous de père en fils,
Aux jeunes gens, pour l'ordinaire,
L'industrie et le savoir-faire
Valent mieux que des biens acquis.

Autre Moralité

Si le fils d'un meunier, avec tant de vitesse,
Gagne le cœur d'une princesse,
Et s'en fait regarder avec des yeux mourants,
C'est que l'habit, la mine et la jeunesse,
Pour inspirer de la tendresse,
N'en sont pas des moyens toujours indifférents.

*an Hab und Gut vom Vater auf den Sohn –
gemeinhin sind für junge Leute
doch Fleiß und klug erjagte Beute
mehr wert als solch ein müheloser Lohn.*

Weitere Moral

*Wenn hier der Sohn des Müllers so geschwind
das Herz der Königstochter sich gewinnt,
und sie ihm Blicke schenkt, aus denen Liebe spricht –
so sehn wir: Kleidung, Jugend, Mienen,
sie sind, um zarter Mädchen Neigung zu verdienen,
die schlechtesten Gehilfen nicht.*

LES FÉES

Il était une fois une veuve qui avait deux filles : l'aînée lui ressemblait si fort d'humeur et de visage, que qui la voyait voyait la mère. Elles étaient toutes deux si désagréables et si orgueilleuses qu'on ne pouvait vivre avec elles. La cadette, qui était le vrai portrait de son père pour la douceur et l'honnêteté, était avec cela une des plus belles filles qu'on eût su voir. Comme on aime naturellement son semblable, cette mère était folle de sa fille aînée, et en même temps avait une aversion effroyable pour la cadette. Elle la faisait manger à la cuisine et travailler sans cesse.

Il fallait entre autres choses que cette pauvre enfant allât deux fois le jour puiser de l'eau à une

DIE FEEN

Es war einmal eine Witwe, die hatte zwei Töchter: die ältere ähnelte ihr in Wesen und Aussehen so sehr, dass jeder, der sie sah, die Mutter zu sehen glaubte: beide waren so garstig und hochmütig, dass man nicht mit ihnen leben konnte. Die jüngere, in Sanftmut und Redlichkeit das genaue Ebenbild ihres Vaters, war dabei eines der schönsten Mädchen, die man sich vorstellen konnte. Wie man nun von Natur seinesgleichen liebt, so war die Mutter ganz vernarrt in ihre ältere Tochter und hatte zugleich eine schreckliche Abneigung gegen die jüngere. Sie ließ sie in der Küche essen und unaufhörlich arbeiten.

Neben anderen Dingen musste dieses arme Mädchen zweimal am Tag eine gute halbe Meile vom Hause entfernt

grande demi-lieue du logis, et qu'elle en rapportât plein une grande cruche. Un jour qu'elle était à cette fontaine, il vint à elle une pauvre femme qui la pria de lui donner à boire.

«Oui-da, ma bonne mère», dit cette belle fille; et rinçant aussitôt sa cruche, elle puisa de l'eau au plus bel endroit de la fontaine, et la lui présenta, soutenant toujours la cruche afin qu'elle bût plus aisément. La bonne femme ayant bu, lui dit:

«Vous êtes si belle, si bonne, et si honnête, que je ne puis m'empêcher de vous faire un don (car c'était une fée qui avait pris la forme d'une pauvre femme de village, pour voir jusqu'où irait l'honnêteté de cette jeune fille). Je vous donne pour don, poursuivit la fée, qu'à chaque parole que vous direz, il vous sortira de la bouche ou une fleur, ou une pierre précieuse.»

Lorsque cette belle fille arriva au logis, sa mère la gronda de revenir si tard de la fontaine.

«Je vous demande pardon, ma mère, dit cette pauvre fille, d'avoir tardé si longtemps»; et, en disant ces mots, il lui sortit de la bouche deux roses, deux perles, et deux gros diamants.

«Que vois-je là, dit sa mère toute étonnée; je crois qu'il lui sort de la bouche des perles et des diamants. D'où vient cela, ma fille?» (Ce fut là la première fois qu'elle l'appela sa fille.)

La pauvre enfant lui raconta naïvement tout ce qui lui était arrivé, non sans jeter une infinité de diamants.

«Vraiment, dit la mère, il faut que j'y envoie ma fille. Tenez, Fanchon, voyez ce qui sort de la bouche de votre sœur quand elle parle: ne seriez-vous pas bien aise d'avoir le même don? Vous n'avez qu'à

Wasser schöpfen und einen großen Krug voll bringen. Eines Tages, als sie an diesem Brunnen stand, trat eine arme Frau auf sie zu und bat sie, ihr zu trinken zu geben.

«Ach ja, gutes Mütterchen», sagte das schöne Mädchen, und nachdem sie sogleich den Krug ausgespült hatte, schöpfte sie Wasser am besten Ort des Brunnens und reichte es ihr, wobei sie die ganze Zeit den Krug hochhielt, damit die Frau besser trinken konnte. Als die gute Frau getrunken hatte, sagte sie zu dem Mädchen:

«Ihr seid so schön und so gut und so redlich, dass ich nicht anders kann, als Euch eine Gabe zu verleihen.» Denn sie war eine Fee, welche die Gestalt einer armen Dorfbewohnerin angenommen hatte, um zu sehen, wie es um die Redlichkeit des jungen Mädchens bestellt war. «Ich gebe Euch zur Gabe», so fuhr die Fee fort, «dass bei jedem Wort, das Ihr sprecht, eine Blume oder ein Edelstein aus Eurem Munde springen soll.»

Als das schöne Mädchen zu Hause ankam, schalt ihre Mutter sie, weil sie so spät vom Brunnen zurückkehrte.

«Ich bitte Euch um Verzeihung, Mutter», sagte das arme Mädchen, «dass ich so lange blieb.» Und als sie diese Worte sprach, sprangen aus ihrem Munde zwei Rosen, zwei Perlen und zwei große Diamanten.

«Was sehe ich da?» sagte ihre Mutter verblüfft. «Ich glaube, aus deinem Munde springen Perlen und Diamanten. Wie kommt das, meine Tochter?» Dies war das erste Mal, dass sie sie ihre Tochter nannte.

Das arme Mädchen erzählte ihr unbefangen alles, was ihr geschehen war, nicht ohne unzählige Diamanten auszuwerfen.

«Wirklich», sagte die Mutter, «ich muss meine Tochter dort hinschicken. Kommt her, Fränzchen, und seht Euch an, was aus dem Munde Eurer Schwester springt, wenn sie spricht: wäret Ihr nicht froh, dieselbe Gabe zu haben? Ihr

aller puiser de l'eau à la fontaine, et quand une pauvre femme vous demandera à boire, lui en donner bien honnêtement.

— Il me ferait beau voir, répondit la brutale, aller à la fontaine !

— Je veux que vous y alliez, reprit la mère, et tout à l'heure. »

Elle y alla, mais toujours en grondant. Elle prit le plus beau flacon d'argent qui fût dans le logis. Elle ne fut pas plus tôt arrivée à la fontaine qu'elle vit sortir du bois une dame magnifiquement vêtue qui vint lui demander à boire. C'était la même fée qui avait apparu à sa sœur, mais qui avait pris l'air et les habits d'une princesse, pour voir jusqu'où irait la malhonnêteté de cette fille.

« Est-ce que je suis ici venue, lui dit cette brutale orgueilleuse, pour vous donner à boire ! Justement j'ai apporté un flacon d'argent tout exprès pour donner à boire à Madame ! J'en suis d'avis : buvez à même si vous voulez.

— Vous n'êtes guère honnête, reprit la fée, sans se mettre en colère. Eh bien ! puisque vous êtes si peu obligeante, je vous donne pour don, qu'à chaque parole que vous direz, il vous sortira de la bouche ou un serpent, ou un crapaud. »

D'abord que sa mère l'aperçut, elle lui cria :

« Eh bien ! ma fille !

— Hé bien ! ma mère ? lui répondit la brutale, en jetant deux vipères et deux crapauds.

— O Ciel, s'écria la mère, que vois-je là ? C'est sa sœur qui en est cause : elle me le payera. » Et aussitôt elle courut pour la battre.

La pauvre enfant s'enfuit, et alla se sauver dans la forêt prochaine. Le fils du Roi qui revenait de la

braucht nur am Brunnen Wasser schöpfen zu gehen, und wenn eine arme Frau Euch um etwas zu trinken bittet, ihr redlich etwas zu geben.»

«Das würde mir gut zu Gesichte stehen», erwiderte die Garstige, «zum Brunnen zu gehen!»

«Ich will aber, dass Ihr hingeht», versetzte die Mutter, «und zwar augenblicklich.»

Die Garstige ging hin, aber immer noch grollend. Sie nahm das schönste Silberfläschchen, das im Hause war. Kaum war sie am Brunnen angelangt, da sah sie eine prächtig gekleidete Dame aus dem Walde kommen, die sie bat, ihr zu trinken zu geben. Es war dieselbe Fee, die ihrer Schwester erschienen war, aber sie hatte das Aussehen und das Gewand einer Prinzessin angenommen, um zu sehen, wie es um die Unredlichkeit dieses Mädchens bestellt sein mochte.

«Bin ich etwa hierher gekommen», sagte die Garstige und Hochmütige zu ihr, «um Euch zu trinken zu geben? Ich habe wohl dieses Silberfläschchen eigens mitgebracht, um Euch, Madame, zu trinken zu geben! So trinkt doch aus dem Brunnen, wenn Ihr wollt.»

«Ihr seid nicht sehr redlich», versetzte die Fee, ohne in Zorn zu geraten. «Nun wohl! Weil Ihr so unfreundlich seid, verleihe ich Euch die Gabe, dass bei jedem Wort, das Ihr sprecht, eine Schlange oder eine Kröte aus Eurem Munde springen soll.»

Kaum erblickte die Mutter sie, da rief sie ihr zu:

«Ei nun, meine Tochter!»

«Was denn, meine Mutter?» erwiderte ihr die Garstige, wobei sie zwei Nattern und zwei Kröten vor sich warf.

«Gütiger Himmel!» rief die Mutter aus. «Was sehe ich da? Daran ist ihre Schwester schuld: die soll es mir büßen.» Und sogleich lief sie hin, um sie zu schlagen.

Das arme Mädchen entfloh und suchte Rettung im nahen Wald. Da begegnete ihr der Sohn des Königs, der gerade von

chasse, la rencontra, et la voyant si belle, lui demanda ce qu'elle faisait là toute seule et ce qu'elle avait à pleurer.

«Hélas! Monsieur, c'est ma mère qui m'a chassée du logis.»

Le fils du Roi qui vit sortir de sa bouche cinq ou six perles, et autant de diamants, la pria de lui dire d'où cela lui venait. Elle lui conta toute son aventure. Le fils du Roi en devint amoureux, et considérant qu'un tel don valait mieux que tout ce qu'on pouvait donner en mariage à une autre, l'emmena au palais du Roi son père, où il l'épousa.

Pour sa sœur, elle se fit tant haïr, que sa propre mère la chassa de chez elle; et la malheureuse, après avoir bien couru sans trouver personne qui voulût la recevoir, alla mourir au coin d'un bois.

Moralité

Les diamants et les pistoles
Peuvent beaucoup sur les esprits;
Cependant les douces paroles
Ont encor plus de force, et sont d'un plus grand prix.

Autre Moralité

L'honnêteté coûte des soins,
Et veut un peu de complaisance;
Mais tôt ou tard elle a sa récompense,
Et souvent dans le temps qu'on y pense le moins.

der Jagd zurückkehrte, und als er sah, dass sie so schön war, fragte er sie, was sie so allein hier treibe und worüber sie weine.

«Ach, mein Herr, meine Mutter hat mich aus dem Hause gejagt!»

Als nun der Königssohn fünf oder sechs Perlen und ebenso viele Diamanten aus ihrem Munde springen sah, bat er sie, ihm zu sagen, wie das zugehe. Sie erzählte ihm ihr ganzes Abenteuer. Da gewann der Königssohn sie lieb, und weil er bedachte, dass eine solche Gabe mehr wert sei als alles, was man einer anderen in die Ehe mitgeben könnte, führte er sie in den Palast des Königs, seines Vaters, und heiratete sie dort.

Die Schwester aber machte sich so verhasst, dass ihre eigene Mutter sie von daheim fortjagte; und nachdem sie lange herumgeirrt war, ohne jemanden zu finden, der sie aufnehmen wollte, legte sie sich an einen Waldrand und starb.

Moral

Gemünztes Gold und Edelstein,
die mögen große Wirkung haben.
Doch Worte, liebevoll und fein,
sind stärkere und mehr geschätzte Gaben.

Weitere Moral

Die Redlichkeit ist manchmal eine Last,
und wer sie übt, muss freundlich und geduldig sein.
Doch irgendwann stellt sich ein Ausgleich ein,
und oft gerade, wenn man nicht darauf gefasst.

CENDRILLON
ou LA PETITE PANTOUFLE DE VERRE

Il était une fois un gentilhomme qui épousa en secondes noces une femme, la plus hautaine et la plus fière qu'on eût jamais vue. Elle avait deux filles de son humeur, et qui lui ressemblaient en toutes choses. Le mari avait de son côté une jeune fille, mais d'une douceur et d'une bonté sans exemple : elle tenait cela de sa mère, qui était la meilleure personne du monde.

Les noces ne furent pas plus tôt faites, que la belle-mère fit éclater sa mauvaise humeur : elle ne put souffrir les bonnes qualités de cette jeune enfant, qui rendaient ses filles encore plus haïssables. Elle la chargea des plus viles occupations de la maison : c'était elle qui nettoyait la vaisselle et les montées,

ASCHENPUTTEL
oder DAS GLÄSERNE PANTÖFFELCHEN

Es war einmal ein Edelmann, der heiratete in zweiter Ehe eine Frau, die war so hochmütig und so stolz, wie man es noch nie gesehen hatte. Sie hatte zwei Töchter vom gleichen Schlage, die ihr in jeder Hinsicht ähnlich waren. Der Ehemann hatte seinerseits eine junge Tochter, aber die war von unvergleichlicher Sanftmut und Gutherzigkeit; das hatte sie von ihrer Mutter, die war die beste Frau der Welt gewesen.

Bald nachdem das Hochzeitsfest gefeiert war, ließ die Stiefmutter ihrer bösen Wesensart freien Lauf: sie konnte die guten Eigenschaften dieses Mädchens nicht ertragen, die ihre eigenen Töchter nur noch hassenswerter machten. Sie übertrug ihr die niedrigsten Arbeiten im Haushalt: sie musste das Geschirr spülen und die Stiegen putzen und die

qui frottait la chambre de madame, et celles de mesdemoiselles ses filles; elle couchait tout au haut de la maison dans un grenier sur une méchante paillasse, pendant que ses sœurs étaient dans des chambres parquetées, où elles avaient des lits des plus à la mode, et des miroirs où elles se voyaient depuis les pieds jusqu'à la tête. La pauvre fille souffrait tout avec patience, et n'osait s'en plaindre à son père qui l'aurait grondée, parce que sa femme le gouvernait entièrement.

Lorsqu'elle avait fait son ouvrage, elle s'allait mettre au coin de la cheminée, et s'asseoir dans les cendres, ce qui faisait qu'on l'appelait communément dans le logis *Cucendron*. La cadette qui n'était pas si malhonnête que son aînée, l'appelait *Cendrillon*. Cependant Cendrillon, avec ses méchants habits, ne laissait pas d'être cent fois plus belle que ses sœurs, quoique vêtues très magnifiquement.

Il arriva que le fils du Roi donna un bal, et qu'il en pria toutes les personnes de qualité. Nos deux demoiselles en furent aussi priées, car elles faisaient grande figure dans le pays. Les voilà bien aises et bien occupées à choisir les habits et les coiffures qui leur siéraient le mieux. Nouvelle peine pour Cendrillon, car c'était elle qui repassait le linge de ses sœurs et qui godronnait leurs manchettes. On ne parlait que de la manière dont on s'habillerait.

«Moi, dit l'aînée, je mettrai mon habit de velours rouge et ma garniture d'Angleterre.

— Moi, dit la cadette, je n'aurai que ma jupe ordinaire; mais en récompense, je mettrai mon manteau à fleurs d'or, et ma barrière de diamants, qui n'est pas des plus indifférentes.»

On envoya quérir la bonne coiffeuse, pour dres-

Zimmer der Dame und ihrer Fräulein Töchter bohnern. Sie schlief ganz oben im Hause in einem Dachkämmerchen auf einem schlechten Strohsack, während ihre Schwestern in Zimmern mit Parkettböden wohnten, wo sie Betten nach der letzten Mode hatten und Spiegel, in denen sie sich vom Kopf bis zu den Füßen betrachten konnten. Das arme Mädchen ertrug alles mit Geduld und wagte es nicht, bei ihrem Vater darüber Klage zu führen; denn der hätte sie ja doch nur gescholten, weil seine Frau ihn ganz und gar regierte.

Wenn sie ihre Arbeit getan hatte, verkroch sie sich in die Ecke hinterm Herd und setzte sich in die Asche. Deshalb nannte man sie auch ganz allgemein im Hause *Aschensteert*. Die Jüngere, die nicht ganz so bösartig war wie ihre ältere Schwester, nannte sie *Aschenputtel*. Aber Aschenputtel war trotz ihrer schlechten Kleider doch hundertmal schöner als ihre Schwestern, auch wenn diese noch so prächtig gekleidet waren.

Es begab sich, dass der Sohn des Königs einen Ball veranstaltete und alle Personen von Stand dazu einlud. Auch unsere beiden jungen Damen wurden eingeladen; denn sie stellten etwas dar im Lande. Da waren sie nun sehr froh und sehr geschäftig mit dem Aussuchen der Kleider und der Frisuren, die ihnen am besten stehen könnten. Das gab neue Mühe für Aschenputtel, weil sie die Wäsche ihrer Schwestern bügeln und ihre Handkrausen fälteln musste. Man sprach nur noch davon, wie man sich kleiden wollte.

«Ich», sagte die Ältere, «ich werde mein rotes Samtkleid mit dem englischen Spitzenbesatz anziehen.»

«Ich», sagte die Jüngere, «ich werde nur meinen Alltagsrock tragen, aber dafür werde ich meinen goldgeblümten Umhang anlegen und meine Diamantbrosche, die wahrhaftig nicht das Allergewöhnlichste ist.»

Man ließ die beste Friseuse kommen, damit sie doppelt

ser les cornettes à deux rangs, et on fit acheter des mouches de la bonne faiseuse. Elles appelèrent Cendrillon pour lui demander son avis, car elle avait le goût bon. Cendrillon les conseilla le mieux du monde, et s'offrit même à les coiffer, ce qu'elles voulurent bien.

En les coiffant, elles lui disaient:

«Cendrillon, serais-tu bien aise d'aller au bal?

– Hélas! Mesdemoiselles, vous vous moquez de moi; ce n'est pas là ce qu'il me faut.

– Tu as raison; on rirait bien, si on voyait un Cucendron aller au bal.»

Une autre que Cendrillon les aurait coiffées de

gereihte Rollenlöckchen lege, und ließ bei der besten Putzmacherin Schönheitspflästerchen einkaufen. Sie riefen Aschenputtel, um sie nach ihrer Meinung zu fragen, denn sie hatte guten Geschmack. Aschenputtel riet ihnen so vortrefflich wie möglich und erbot sich sogar, sie zu frisieren, was sie sich gern gefallen ließen.

Während Aschenputtel sie frisierte, sagten sie zu ihr:

«Aschenputtel, gingest du nicht auch gern auf den Ball?»

«Ach, ihr Fräulein, ihr macht euch über mich lustig; so etwas ist nichts für mich.»

«Da hast du recht, das gäbe ein schönes Gelächter, wenn man so einen Aschensteert auf den Ball gehen sähe.»

Eine andere als Aschenputtel hätte sie schlecht frisiert,

travers; mais elle était bonne, et elle les coiffa parfaitement bien. Elles furent près de deux jours sans manger, tant elles étaient transportées de joie. On rompit plus de douze lacets à force de les serrer pour leur rendre la taille plus menue, et elles étaient toujours devant leur miroir.

Enfin l'heureux jour arriva; on partit, et Cendrillon les suivit des yeux le plus longtemps qu'elle put. Lorsqu'elle ne les vit plus, elle se mit à pleurer. Sa marraine qui la vit toute en pleurs, lui demanda ce qu'elle avait.

«Je voudrais bien ... Je voudrais bien ...»

Elle pleurait si fort qu'elle ne put achever. Sa marraine qui était fée, lui dit:

«Tu voudrais bien aller au bal, n'est-ce pas!

– Hélas oui, dit Cendrillon en soupirant.

– Hé bien! seras-tu bonne fille? dit sa marraine; je t'y ferai aller.» Elle la mena dans sa chambre, et lui dit:

«Va dans le jardin et apporte-moi une citrouille.»

Cendrillon alla aussitôt cueillir la plus belle qu'elle put trouver, et la porta à sa marraine, ne pouvant deviner comment cette citrouille la pourrait faire

aber Aschenputtel war ein gutes Mädchen und frisierte sie vollkommen richtig. Beinahe zwei Tage lang aßen sie nichts, so außer sich waren sie vor Freude. Man zerriss mehr als zwölf Korsettbänder beim übermäßigen Einschnüren, weil man ihnen die Taille schlanker machen wollte, und die ganze Zeit standen sie vor ihrem Spiegel.

Endlich kam der glückliche Tag; die Schwestern brachen auf, und Aschenputtel folgte ihnen mit den Augen, so lange sie konnte. Als sie sie nicht mehr sah, begann sie zu weinen. Da ihre Patin sie ganz in Tränen sah, fragte sie, was sie habe.

«Ich würde gern ... Ich würde gern ...»

Sie weinte so sehr, dass sie nicht zu Ende sprechen konnte. Die Patin, die eine Fee war, sagte zu ihr:

«Du würdest gern auf den Ball gehen, nicht wahr?»

«Ach ja!» sagte Aschenputtel seufzend.

«Nun, wenn du brav sein willst», sagte die Patin, «werde ich dafür sorgen, dass du hingehen kannst.» Sie führte sie in ihr Zimmer und sagte zu ihr:

«Geh in den Garten und bring mir einen Kürbis.»

Aschenputtel ging sogleich hin, nahm den schönsten Kürbis ab, den sie finden konnte, und überreichte ihn der Patin, ohne zu ahnen, wie dieser Kürbis sie zum Ball bringen

aller au bal. Sa marraine la creusa, et n'ayant laissé que l'écorce, la frappa de sa baguette, et la citrouille fut aussitôt changée en un beau carrosse tout doré.

Ensuite elle alla regarder dans sa souricière, où elle trouva six souris toutes en vie. Elle dit à Cendrillon de lever un peu la trappe de la souricière, et à chaque souris qui sortait, elle lui donnait un coup de sa baguette, et la souris était aussitôt changée en un beau cheval: ce qui fit un bel attelage de six chevaux, d'un beau gris de souris pommelé.

Comme elle était en peine de quoi elle ferait un cocher:

«Je vais voir, dit Cendrillon, s'il n'y a point quelque rat dans la ratière; nous en ferons un cocher.

— Tu as raison, dit sa marraine, va voir.»

Cendrillon lui apporta la ratière, où il y avait trois gros rats. La fée en prit un d'entre les trois, à cause de sa maîtresse barbe, et l'ayant touché, il fut changé en un gros cocher, qui avait une des plus belles moustaches qu'on ait jamais vues.

Ensuite elle lui dit:

«Va dans le jardin, tu y trouveras six lézards derrière l'arrosoir; apporte-les-moi.»

Elle ne les eut pas plus tôt apportés, que sa marraine les changea en six laquais, qui montèrent aussitôt derrière le carrosse avec leurs habits chamarrés, et qui s'y tenaient attachés, comme s'ils n'eussent fait autre chose toute leur vie.

La fée dit alors à Cendrillon:

«Hé bien! voilà de quoi aller au bal: n'es-tu pas bien aise?

— Oui, mais est-ce que j'irai comme cela avec mes vilains habits?»

Sa marraine ne fit que la toucher avec sa baguette,

könne. Die Patin höhlte ihn aus, und als nur noch die Schale übrig war, klopfte sie mit ihrem Stab daran: sogleich war der Kürbis in eine schöne, ganz vergoldete Karosse verwandelt.

Dann ging sie und sah in ihrer Mausefalle nach, in der sie sechs Mäuse fand, die alle noch am Leben waren. Sie sagte zu Aschenputtel, sie solle die Klappe der Mausefalle ein wenig anheben; jeder Maus, die herauskam, versetzte sie einen Schlag mit dem Stab, und sogleich war die Maus in ein schönes Pferd verwandelt: das gab ein schönes Gespann mit sechs wunderbar mausgrauen Apfelschimmeln.

Als sie nun nicht wusste, woraus sie einen Kutscher machen sollte, sagte Aschenputtel:

«Ich will nachsehen, ob vielleicht eine Ratte in der Rattenfalle ist; aus der könnten wir einen Kutscher machen.»

«Da hast du recht», sagte die Patin, «sieh einmal nach.»

Aschenputtel brachte ihr die Rattenfalle, in der drei dicke Ratten waren. Die Fee nahm eine von den dreien, weil sie einen mächtigen Bart hatte; kaum hatte sie sie berührt, war sie in einen dicken Kutscher verwandelt, der einen der schönsten Schnurrbärte trug, die man je gesehen hatte.

Dann sagte sie zu Aschenputtel:

«Geh in den Garten; dort wirst du sechs Eidechsen hinter der Gießkanne finden, die bring mir her.»

Kaum hatte Aschenputtel sie gebracht, da verwandelte die Patin sie in sechs Lakaien, die sogleich mit ihren reichbesetzten Fräcken hinten auf die Karosse stiegen und sich dort festhielten, wie wenn sie ihr Lebtag nichts anderes getan hätten.

Darauf sagte die Fee zu Aschenputtel:

«Nun? Da hast du alles, um zum Ball zu fahren: bist du nun froh?»

«O ja, aber soll ich denn so gehen, wie ich bin, mit meinen hässlichen Kleidern?»

Die Patin berührte Aschenputtel nur mit dem Stab, und

et en même temps ses habits furent changés en des habits de drap d'or et d'argent tout chamarrés de pierreries; elle lui donna ensuite une paire de pantoufles de verre, les plus jolies du monde.

Quand elle fut ainsi parée, elle monta en carrosse; mais sa marraine lui recommanda sur toutes choses de ne pas passer minuit, l'avertissant que si elle demeurait au bal un moment davantage, son carrosse redeviendrait citrouille, ses chevaux des souris, ses laquais des lézards, et que ses vieux habits reprendraient leur première forme.

Elle promit à sa marraine qu'elle ne manquerait pas de sortir du bal avant minuit. Elle part, ne se sentant pas de joie.

Le fils du Roi qu'on alla avertir qu'il venait d'arriver une grande princesse qu'on ne connaissait point, courut la recevoir. Il lui donna la main à la descente du carrosse, et la mena dans la salle où était la compagnie. Il se fit alors un grand silence; on cessa de danser, et les violons ne jouèrent plus, tant on était attentif à contempler les grandes beautés de cette inconnue. On n'entendait qu'un bruit confus: «Ha! qu'elle est belle!» Le Roi même, tout vieux qu'il était, ne laissait pas de la regarder, et de dire tout bas à la Reine, qu'il y avait longtemps qu'il n'avait vu une si belle et si aimable personne. Toutes les dames étaient attentives à considérer sa coiffure et ses habits, pour en avoir dès le lendemain de semblables, pourvu qu'il se trouvât des étoffes assez belles, et des ouvriers assez habiles.

Le fils du Roi la mit à la place la plus honorable, et ensuite la prit pour la mener danser. Elle dansa avec tant de grâce, qu'on l'admira encore davantage. On apporta une fort belle collation, dont le jeune

im gleichen Augenblick waren ihre Kleider verwandelt in Kleider aus Gold- und Silberbrokat, reich verziert mit Edelsteinen; dazu gab ihr die Patin noch ein Paar gläserne Pantoffeln, die hübschesten von der Welt.

Als Aschenputtel so geschmückt war, stieg sie in die Karosse; doch die Patin ermahnte sie, vor allen Dingen nicht länger als bis Mitternacht zu bleiben, und warnte sie, dass, wenn sie auch nur einen Augenblick länger auf dem Ball bliebe, die Karosse wieder zum Kürbis würde, die Pferde zu Mäusen, die Lakaien zu Eidechsen, und dass die alten Kleider wieder ihre frühere Gestalt annehmen würden.

Aschenputtel versprach der Patin, dass sie ganz gewiss den Ball vor Mitternacht verlassen werde. Und so fuhr sie davon und war außer sich vor Freude.

Der Königssohn, dem man gemeldet hatte, eine hohe Prinzessin, die keiner kenne, sei soeben angekommen, eilte ihr zum Empfang entgegen. Er reichte ihr beim Aussteigen aus der Karosse die Hand und führte sie in den Saal, wo die Gesellschaft war. Da trat eine große Stille ein; man hörte auf zu tanzen, und die Geigen spielten nicht weiter, so aufmerksam bestaunten alle die große Schönheit der Unbekannten. Da war nur ein dumpfes Gemurmel zu hören: «Ah, wie ist die schön!» Selbst der König, so alt er war, wurde nicht müde, sie zu betrachten und ganz leise zur Königin zu sagen, er habe seit langer Zeit kein so hübsches und liebliches Wesen gesehen. Alle Damen schauten prüfend auf Aschenputtels Frisur und auf ihre Kleider, um sofort am anderen Tage die gleichen zu haben, wenn sich überhaupt Stoffe finden ließen, die ebenso schön, und Schneider, die geschickt genug waren.

Der Königssohn setzte Aschenputtel an den besten Ehrenplatz, und gleich darauf holte er sie, um sie zum Tanze zu führen. Aschenputtel tanzte mit so viel Anmut, dass man sie noch mehr bewunderte. Ein sehr schöner Imbiss wurde auf-

prince ne mangea point, tant il était occupée à la considérer. Elle alla s'asseoir auprès de ses sœurs, et leur fit mille honnêtetés; elle leur fit part des oranges et des citrons que le Prince lui avait donnés, ce qui les étonna fort car elles ne la connaissaient point.

Lorsqu'elles causaient ainsi, Cendrillon entendit sonner onze heures trois quarts; elle fit aussitôt une grand révérence à la compagnie, et s'en alla le plus vite qu'elle put.

Dès qu'elle fut arrivée, elle alla trouver sa marraine, et après l'avoir remerciée, elle lui dit qu'elle souhaiterait bien aller encore le lendemain au bal, parce que le fils du Roi l'en avait priée. Comme elle était occupée à raconter à sa marraine tout ce qui s'était passé au bal, les deux sœurs heurtèrent à la porte. Cendrillon leur alla ouvrir.

«Que vous êtes longtemps à revenir!» leur dit-elle, en bâillant, en se frottant les yeux, et en s'étendant comme si elle n'eût fait que de se réveiller. Elle n'avait cependant pas eu envie de dormir depuis qu'elles s'étaient quittées.

«Si tu étais venue au bal, lui dit une de ses sœurs, tu ne t'y serais pas ennuyée; il y est venu la plus belle princesse, la plus belle qu'on puisse jamais voir; elle nous a fait mille civilités; elle nous a donné des oranges et des citrons.»

Cendrillon ne se sentait pas de joie: elle leur demanda le nom de cette princesse; mais elles lui répondirent qu'on ne la connaissait pas, que le fils du Roi en était fort en peine, et qu'il donnerait toutes choses au monde pour savoir qui elle était. Cendrillon sourit et leur dit:

«Elle était donc bien belle? Mon Dieu! que vous

getragen, aber der junge Prinz aß nichts, so sehr war er damit beschäftigt, Aschenputtel zu betrachten. Sie ging und setzte sich zu ihren Schwestern und sagte ihnen tausend Artigkeiten, teilte mit ihnen die Apfelsinen und Zitronen, die der Prinz ihr geschenkt hatte, was die beiden sehr verwunderte, weil sie sie nicht kannten.

Während sie so plauderten, hörte Aschenputtel es Viertel vor zwölf schlagen; sogleich machte sie eine tiefe Verneigung vor der Gesellschaft und lief fort, so schnell sie konnte.

Sobald sie angelangt war, ging sie zu ihrer Patin, und nachdem sie sich bei ihr bedankt hatte, sagte sie zu ihr, dass sie sich sehr wünsche, auch am nächsten Tage auf den Ball zu gehen, weil der Königssohn sie darum gebeten habe. Als sie noch dabei war, der Patin alles zu erzählen, was auf dem Ball geschehen war, klopften die zwei Schwestern an der Tür. Aschenputtel machte ihnen auf.

«Wie spät ihr wiederkommt!» sagte sie zu ihnen und gähnte dabei, rieb sich die Augen und reckte sich, als wäre sie gerade eben erst aufgewacht. Dabei hatte sie wahrhaftig nicht die geringste Lust zum Schlafen gehabt, seit sie einander zuletzt gesehen hatten.

«Wenn du auf den Ball gegangen wärest», sagte die eine der Schwestern zu ihr, «hättest du dich nicht gelangweilt; die schönste Prinzessin ist erschienen, die schönste, die man je gesehen hat; sie hat uns tausend höfliche Worte gesagt und hat uns Apfelsinen und Zitronen geschenkt.»

Aschenputtel war außer sich vor Freude; sie fragte sie nach dem Namen der Prinzessin, aber sie gaben zur Antwort, niemand kenne sie, der Königssohn sei selber sehr bekümmert deswegen und wolle alles auf der Welt darum geben, zu erfahren, wer sie sei. Aschenputtel lächelte und sagte zu ihnen:

«Dann war sie also wirklich sehr schön? Mein Gott, wie

êtes heureuses! ne pourrais-je point la voir? Hélas! mademoiselle Javotte, prêtez-moi votre habit jaune que vous mettez tous les jours.

– Vraiment, dit mademoiselle Javotte, je suis de cet avis! Prêtez votre habit à un vilain Cucendron comme cela! Il faudrait que je fusse bien folle!»

Cendrillon s'attendait bien à ce refus, et elle en fut bien aise, car elle aurait été grandement embarrassée si sa sœur eût bien voulu lui prêter son habit.

Le lendemain, les deux sœurs furent au bal, et Cendrillon aussi, mais encore plus parée que la première fois. Le fils du Roi fut toujours auprès d'elle, et ne cessa de lui conter des douceurs. La jeune demoiselle ne s'ennuyait point, et oublia ce que sa marraine lui avait recommandé: de sorte qu'elle entendit sonner le premier coup de minuit, lorsqu'elle ne croyait pas qu'il fût encore onze heures. Elle se leva et s'enfuit aussi légèrement qu'aurait fait une biche. Le Prince la suivit, mais il ne put l'attraper. Elle laissa tomber une de ses pantoufles de verre, que le Prince ramassa bien soigneusement.

glücklich ihr seid! Ob ich sie nicht auch sehen könnte? Ach, Fräulein Javotte, leiht mir doch Euer gelbes Kleid, das Ihr alle Tage anzieht.»

«Wirklich», sagte Fräulein Javotte, «das wäre mir gerade recht! Mein Kleid einfach so einem hässlichen Aschensteert zu leihen? Da müsste ich ja närrisch sein!»

Aschenputtel hatte diese Weigerung wohl erwartet und war froh darüber, denn sie wäre sehr in Verlegenheit gekommen, wenn ihr die Schwester wirklich ihr Kleid hätte leihen wollen.

Am anderen Tage gingen die zwei Schwestern auf den Ball, und Aschenputtel auch, nur war sie noch schöner geschmückt als beim ersten Mal. Der Königssohn blieb immer an ihrer Seite und gab ihr unablässig süße Worte. Dem jungen Fräulein wurde die Zeit gar nicht lang, und sie vergaß, wozu ihre Patin sie ermahnt hatte. So hörte sie den ersten Glockenschlag von Mitternacht, als sie glaubte, es sei noch nicht einmal elf Uhr. Sie stand auf und entsprang so leichtfüßig wie eine Hirschkuh. Der Prinz lief ihr nach, aber er konnte sie nicht einholen. Sie verlor einen ihrer gläsernen Pantoffeln, den der Prinz sehr sorgfältig aufhob. Aschenput-

Cendrillon arriva chez elle bien essoufflée, sans carrosse, sans laquais, et avec ses méchants habits, rien ne lui étant resté de toute sa magnificence, qu'une de ses petites pantoufles, la pareille de celle qu'elle avait laissée tomber. On demanda aux gardes de la porte du palais s'ils n'avaient point vu sortir une princesse; ils dirent qu'ils n'avaient vu sortir personne qu'une jeune fille fort mal vêtue, et qui avait plus l'air d'une paysanne que d'une demoiselle.

Quand ses deux sœurs revinrent du bal, Cendrillon leur demanda si elles s'étaient encore bien diverties, et si la belle dame y avait été; elles lui dirent que oui, mais qu'elle s'était enfuie lorsque minuit avait sonné, et si promptement qu'elle avait laissé tomber une de ses petites pantoufles de verre, la plus jolie du monde; que le fils du Roi l'avait ramassée, et qu'il n'avait fait que la regarder pendant tout le reste du bal, et qu'assurément il était fort amoureux de la belle personne à qui appartenait la petite pantoufle.

Elles dirent vrai: car, peu de jours après, le fils du Roi fit publier à son de trompe, qu'il épouserait celle dont le pied serait bien juste à la pantoufle. On commença à l'essayer aux princesses, ensuite aux duchesses, et à toute la cour, mais inutilement. On la porta chez les deux sœurs, qui firent tout leur possible pour faire entrer leur pied dans la pantoufle; mais elles ne purent en venir à bout. Cendrillon qui les regardait, et qui reconnut sa pantoufle, dit en riant:

«Que je voie si elle ne me serait pas bonne!»

Ses sœurs se mirent à rire et à se moquer d'elle. Le gentilhomme qui faisait l'essai de la pantoufle ayant regardé attentivement Cendrillon, et la trou-

tel kam außer Atem nach Hause, ohne Karosse, ohne Lakaien und in ihren schlechten Kleidern; nichts von all ihrer Herrlichkeit war ihr geblieben als das eine Pantöffelchen, das gleiche wie das, welches sie verloren hatte. Man befragte die Wachen am Tor des Palastes, ob sie nicht gesehen hätten, wie eine Prinzessin herausgekommen sei, aber sie sagten, sie hätten niemanden herauskommen gesehen als ein sehr schlecht gekleidetes Mädchen, das eher wie eine Bauerndirne ausgesehen habe als wie ein Fräulein.

Als die zwei Schwestern vom Ball zurückkamen, fragte Aschenputtel sie, ob sie sich wieder gut unterhalten hätten und ob die schöne Dame dagewesen sei. Sie sagten: ja, aber sie sei fortgesprungen, als es Mitternacht geschlagen habe, so geschwind, dass sie eines ihrer gläsernen Pantöffelchen verloren habe, das allerhübscheste von der Welt; der Königssohn habe es aufgehoben und habe es die noch verbleibende zeit des Balles nur immer angeschaut, und ganz gewiss sei er in großer Liebe entbrannt zu der schönen Dame, der das Pantöffelchen gehöre.

Und sie sprachen die Wahrheit: denn wenige Tage darauf ließ der Königssohn mit Trompetenschall bekanntmachen, dass er diejenige heiraten wolle, deren Fuß ganz genau in den Pantoffel passe. Zuerst probierte man ihn den Prinzessinnen an, dann den Herzoginnen und dem ganzen Hofstaat, aber vergebens. Man brachte ihn auch zu den zwei Schwestern, die ihr möglichstes taten, um ihren Fuß in den Pantoffel zu zwängen; aber es wollte ihnen nicht gelingen. Aschenputtel, die ihnen zuschaute und den Pantoffel erkannte, sagte lächelnd:

«Lasst mich doch sehen, ob er mir nicht passt!»

Ihre Schwestern begannen zu lachen und sich über sie lustig zu machen.

Der Edelmann aber, der die Anprobe des Pantoffels vornahm, sagte, nachdem er Aschenputtel aufmerksam ange-

vant fort belle, dit que cela était juste, et qu'il avait ordre de l'essayer à toutes les filles. Il fit asseoir Cendrillon, et approchant la pantoufle de son petit pied, il vit qu'elle y entrait sans peine, et qu'elle y était juste comme de cire. L'étonnement des deux sœurs fut grand, mais plus grand encore quand Cendrillon tira de sa poche l'autre petite pantoufle qu'elle mit à son pied. Là-dessus arriva la marraine qui, ayant donné un coup de sa baguette sur les habits de Cendrillon, les fit devenir encore plus magnifiques que tous les autres.

Alors ses deux sœurs la reconnurent pour la belle personne qu'elles avaient vue au bal. Elles se jetèrent à ses pieds pour lui demander pardon de tous les mauvais traitements qu'elles lui avaient fait souffrir. Cendrillon les releva, et leur dit en les embrassant, qu'elle leur pardonnait de bon cœur, et qu'elle les priait de l'aimer bien toujours.

On la mena chez le jeune prince, parée comme elle était. Il la trouva encore plus belle que jamais, et peu de jours après il l'épousa. Cendrillon qui était aussi bonne que belle, fit loger ses deux sœurs au palais, et les maria dès le jour même à deux grands seigneurs de la cour.

Moralité

La beauté, pour le sexe, est un rare trésor;
De l'admirer jamais on ne se lasse;
Mais ce qu'on nomme bonne grâce
Est sans prix, et vaut mieux encor.

C'est ce qu'à Cendrillon fit avoir sa marraine,
En la dressant, en l'instruisant,

sehen und es sehr schön gefunden hatte, das sei recht und billig; er habe Befehl, ihn allen Mädchen anzuprobieren. Er ließ Aschenputtel sich hinsetzen, und als er den Pantoffel an ihren kleinen Fuß hielt, sah er, dass er ohne Mühe darüberpasste und wie angegossen daran saß. Das Erstaunen der zwei Schwestern war groß, aber es wurde noch größer, als Aschenputtel das andere Pantöffelchen aus der Tasche zog und auf ihren Fuß steckte. Und nun kam auch die Patin herein, und indem sie mit dem Stab Aschenputtels Kleider berührte, verwandelte sie diese in noch herrlichere als alle zuvor.

Da erkannten die zwei Schwestern in Aschenputtel die schöne Dame wieder, die sie auf dem Ball gesehen hatten. Sie warfen sich ihr zu Füßen und baten sie um Verzeihung für all die böse Behandlung, die sie ihr angetan hatten. Aschenputtel hob sie auf, umarmte sie und sagte, dass sie ihnen aus ganzem Herzen verzeihe und sie bitte, sie immer lieb zu behalten.

Geschmückt wie sie war, führte man sie dem jungen Prinzen zu. Er fand sie schöner denn je, und wenige Tage später heiratete er sie. Aschenputtel aber, die ebenso gut wie schön war, nahm ihre zwei Schwestern zu sich in den Palast und vermählte sie noch am gleichen Tage mit zwei großen Herren des Hofes.

Moral

Die Frauenschönheit ist ein edles Gut;
wohl keiner, der sich gern von ihrem Anblick trennt.
Doch was man holde Anmut nennt,
ist mehr wert, weil es größere Wunder tut.

Dem Aschenputtel gab die Patin sie zur Zier;
sie zeigte ihr Geschmack und Sittsamkeit

Tant et si bien qu'elle en fit une reine :
Car ainsi sur ce conte on va moralisant.

Belles, ce don vaut mieux que d'être bien coiffées :
Pour engager un cœur, pour en venir à bout,
La bonne grâce est le vrai don des fées ;
Sans elle on ne peut rien, avec elle on peut tout.

Autre Moralité

C'est sans doute un grand avantage
D'avoir de l'esprit, du courage,
De la naissance, du bon sens,
Et d'autres semblables talents
Qu'on reçoit du ciel en partage ;
Mais vous aurez beau les avoir,
Pour votre avancement ce seront choses vaines
Si vous n'avez, pour les faire valoir,
Ou des parrains, ou des marraines.

und machte endlich eine Königin aus ihr:
das ist's, was unserem Märchen die Moral verleiht.

Schön, das ist nicht nur gut frisiert allein:
will man ein Herz betören und bezwingen,
wird Anmut aller Feen schönste Gabe sein,
denn ohne sie wird nichts, doch mit ihr alles uns gelingen.

Weitere Moral

Es mag zu Vorteil und Gewinn gereichen,
hat einer Geist und Kühnheit ohnegleichen,
hochmögende Geburt, gesetzte Sinne
und ähnliche Talente inne,
die er vom Himmel hat als Adelszeichen;
doch hilft's euch gar nichts, sie nur zu besitzen:
ihr seid auf eurer Lebensbahn verraten,
habt ihr nicht, um sie auszunützen,
entweder eine Patin oder einen Paten.

RIQUET À LA HOUPPE

Il était une fois une reine qui accoucha d'un fils si laid et si mal fait qu'on douta longtemps s'il avait forme humaine. Une fée, qui se trouva à sa naissance, assura qu'il ne laisserait pas d'être aimable, parce qu'il aurait beaucoup d'esprit: elle ajouta même qu'il pourrait, en vertu du don qu'elle venait de lui faire, donner autant d'esprit qu'il en aurait à la personne qu'il aimerait le mieux.

Tout cela consola un peu la pauvre reine, qui était bien affligée d'avoir mis au monde un si vilain marmot. Il est vrai que cet enfant ne commença pas plus tôt à parler qu'il dit mille jolies choses, et qu'il avait dans toutes ses actions je ne sais quoi de si spirituel qu'on en était charmé. J'oubliais de dire

RIQUET MIT DEM SCHOPF

Es war einmal eine Königin, die gebar einen so hässlichen und missgestalteten Sohn, dass man lange zweifelte, ob er überhaupt Menschengestalt habe. Eine Fee, die bei seiner Geburt zugegen war, versicherte, er werde später doch noch liebenswert sein, weil er viel Klugheit habe; sie fügte hinzu, dass er kraft der Gabe, die sie ihm gerade verlieh, in der Lage sein werde, derjenigen Person, die er am meisten liebe, ebensoviel Klugheit zu geben, wie er selber besitze.

All das tröstete die arme Königin ein wenig, so betrübt sie auch war, einen so garstigen Knirps auf die Welt gebracht zu haben. Und wirklich: kaum begann das Kind zu sprechen, da sagte es tausend hübsche Dinge und hatte in all seinem Tun einen gewissen Geist und Witz, dass man davon bezaubert war. Ich vergaß zu sagen, dass er auf die Welt kam mit einem

qu'il vint au monde avec une petite houppe de cheveux sur la tête, ce qui fit qu'on le nomma Riquet à la Houppe, car Riquet était le nom de la famille.

Au bout de sept ou huit ans, la reine d'un royaume voisin accoucha de deux filles. La première qui vint au monde était plus belle que le jour; la Reine en fut si aise qu'on appréhenda que la trop grande joie qu'elle en avait ne lui fît mal. La même fée qui avait assisté à la naissance de petit Riquet à la Houppe etait présente, et, pour modérer la joie de la Reine, elle lui déclara que cette petite princesse n'aurait point d'esprit, et qu'elle serait aussi stupide qu'elle était belle. Cela mortifia beaucoup la Reine; mais elle eut, quelques moments après, un bien plus grand chagrin, car la seconde fille dont elle accoucha se trouva extrêmement laide.

«Ne vous affligez point tant, Madame, lui dit la fée; votre fille sera récompensée d'ailleurs, et elle aura tant d'esprit qu'on ne s'apercevra presque pas qu'il lui manque de la beauté.

— Dieu le veuille, répondit la Reine; mais n'y aurait-il point moyen de faire avoir un peu d'esprit à l'aînée qui est si belle?

— Je ne puis rien pour elle, Madame, du côté de l'esprit, lui dit la fée; mais je puis tout du côté de la beauté; et, comme il n'y a rien que je ne veuille faire pour votre satisfaction, je vais lui donner pour don de pouvoir rendre beau ou belle la personne qui lui plaira.»

A mesure que ces deux princesses devinrent grandes, leurs perfections crûrent aussi avec elles, et on ne parlait partout que de la beauté de l'aînée et de l'esprit de la cadette. Il est vrai aussi que leurs défauts augmentèrent beaucoup avec l'âge. La ca-

kleinen Haarschopf auf dem Kopf; deshalb nannten ihn alle «Riquet mit dem Schopf», denn Riquet war der Name der Familie.

Nach sieben oder acht Jahren gebar die Königin eines Nachbarreiches zwei Mädchen. Das erste, das zur Welt kam, war schöner als der Tag; die Königin freute sich so sehr darüber, dass man schon befürchtete, die übergroße Freude möchte ihr schaden. Dieselbe Fee, die bei der Geburt des kleinen Riquet mit dem Schopf dabeigewesen war, war auch hier zugegen, und um die Freude der Königin zu dämpfen, erklärte sie, diese kleine Prinzessin werde keinerlei Klugheit haben und ebenso dumm werden, wie sie schön sei. Das kränkte die Königin sehr, aber wenige Augenblicke später hatte sie einen noch viel größeren Kummer; denn das zweite Mädchen, das sie gebar, erwies sich als ganz besonders hässlich.

«Betrübt Euch nicht gar so sehr, Madame», sagte die Fee zu ihr, «Eure Tochter wird auf andere Weise entschädigt werden, denn sie wird so viel Klugheit haben, dass man fast nicht merken wird, dass es ihr an Schönheit mangelt.»

«Das gebe Gott», antwortete die Königin, «aber gibt es denn keine Möglichkeit, der Älteren, die so schön ist, auch ein wenig Klugheit mitzugeben?»

«Was die Klugheit betrifft, kann ich nichts für sie tun, Madame», sagte die Fee, «aber ich kann alles tun, was die Schönheit betrifft. Und da es nichts gibt, was ich nicht zu Eurer Befriedigung ausführen wollte, will ich ihr die Gabe verleihen, denjenigen oder diejenige, an dem oder der sie am meisten Gefallen findet, schön zu machen.»

Wie nun die zwei Prinzessinnen größer wurden, wuchsen auch ihre vollkommenen Vorzüge mit ihnen, und alle Welt sprach nur noch von der Schönheit der Älteren und von der Klugheit der Jüngeren. Allerdings verstärkten sich auch ihre Makel mit den Jahren. Die Jüngere wurde zusehends häss-

dette enlaidissait à vue d'œil, et l'aînée devenait plus stupide de jour en jour. Ou elle ne répondait rien à ce qu'on lui demandait, ou elle disait une sottise. Elle était avec cela si maladroite qu'elle n'eût pu ranger quatre porcelaines sur le bord d'une cheminée sans en casser une, ni boire un verre d'eau sans en répandre la moitié sur ses habits.

Quoique la beauté soit un grand avantage dans une jeune personne, cependant la cadette l'emportait presque toujours sur son aînée dans toutes les compagnies. D'abord on allait du côté de la plus belle, pour la voir et pour l'admirer, mais bientôt après on allait à celle qui avait le plus d'esprit, pour lui entendre dire mille choses agréables ; et on était étonné qu'en moins d'un quart d'heure l'aînée n'avait plus personne auprès d'elle, et que tout le monde s'était rangé autour de la cadette. L'aînée, quoique fort stupide, le remarqua bien ; et elle eût donné sans regret toute sa beauté pour avoir la moitié de l'esprit de sa sœur. La Reine, toute sage qu'elle était, ne put s'empêcher de lui reprocher plusieurs fois sa bêtise : ce qui pensa faire mourir de douleur cette pauvre princesse.

Un jour qu'elle s'était retirée dans un bois pour y plaindre son malheur, elle vit venir à elle un petit homme fort laid et fort désagréable, mais vêtu très magnifiquement. C'était le jeune prince Riquet à la Houppe, qui, étant devenu amoureux d'elle sur ses portraits qui couraient par tout le monde, avait quitté le royaume de son père pour avoir le plaisir de la voir et de lui parler. Ravi de la rencontrer ainsi toute seule, il l'aborde avec tout le respect et toute la politesse imaginables. Ayant remarqué, après lui avoir fait les compliments ordinaires, qu'elle était fort mélancolique, il lui dit :

licher, und die Ältere wurde von Tag zu Tag dümmer. Entweder antwortete sie gar nichts auf das, was man sie fragte, oder sie sagte etwas Törichtes. Dabei war sie so ungeschickt, dass sie nicht vier Porzellanfiguren auf einem Kaminsims aufstellen konnte, ohne eine zu zerbrechen, und nicht ein Glas Wasser trinken, ohne die Hälfte davon über ihre Kleider zu schütten.

Obwohl die Schönheit ein großer Vorzug an einer jungen Dame ist, lief doch die Jüngere der Älteren fast auf allen Gesellschaften den Rang ab. Zunächst gingen alle dahin, wo die Ältere war, um sie zu sehen und zu bewundern; aber bald danach gingen alle zu der, die mehr Klugheit hatte, um sie tausend artige Dinge sagen zu hören, und man war erstaunt, dass nach weniger als einer Viertelstunde die Ältere niemanden mehr um sich hatte und alle einen Kreis um die Jüngere bildeteten. Auch wenn sie sehr dumm war, merkte die Ältere das wohl, und sie hätte ohne Bedauern ihre Schönheit gegeben, wenn sie dafür die Hälfte von der Klugheit ihrer Schwester gehabt hätte. Die Königin, so weise sie auch war, konnte doch nicht umhin, ihr mehrmals ihre Dummheit vorzuwerfen; da meinte diese arme Prinzessin, vor Kummer sterben zu müssen.

Eines Tages, als sie sich in den Wald zurückgezogen hatte, um ihr Unglück zu beklagen, sah sie einen kleinen Mann auf sich zukommen, der war sehr hässlich und sehr ungefällig anzusehen, aber sehr prächtig gekleidet. Das war der junge Prinz Riquet mit dem Schopf, der sich beim Anblick eines ihrer Bilder, die in der ganzen Welt umliefen, in sie verliebt und das Reich seines Vaters verlassen hatte, um das Vergnügen zu haben, sie zu sehen und mit ihr zu sprechen. Entzückt, sie so ganz allein zu treffen, sprach er sie mit aller erdenklichen Achtung und aller Höflichkeit an. Weil er bemerkte, dass sie schwermütig gestimmt war, sagte er zu ihr, nachdem er ihr die üblichen Komplimente gemacht hatte:

«Je ne comprends point, Madame, comment une personne aussi belle que vous l'êtes peut être aussi triste que vous le paraissez: car quoique je puisse me vanter d'avoir vu une infinité de belles personnes, je puis dire que je n'en ai jamais vu dont la beauté approche de la vôtre.

— Cela vous plaît à dire, Monsieur», lui répondit la Princesse, et en demeura là.

«La beauté, reprit Riquet à la Houppe, est un si grand avantage qu'il doit tenir lieu de tout le reste, et, quand on le possède, je ne vois pas qu'il y ait rien qui puisse nous affliger beaucoup.

— J'aimerais mieux, dit la Princesse, être aussi laide que vous et avoir de l'esprit, que d'avoir de la beauté comme j'en ai, et être bête autant que je le suis.

— Il n'y a rien, Madame, qui marque davantage qu'on a de l'esprit que de croire n'en pas avoir, et il est de la nature de ce bien-là que, plus on en a, plus on croit en manquer.

— Je ne sais pas cela, dit la Princesse; mais je sais bien que je suis fort bête, et c'est de là que vient le chagrin qui me tue.

— Si ce n'est que cela, Madame, qui vous afflige, je puis aisément mettre fin à votre douleur.

— Et comment ferez-vous? dit la Princesse.

— J'ai le pouvoir, Madame, dit Riquet à la Houppe, de donner de l'esprit autant qu'on en saurait avoir à la personne que je dois aimer le plus; et comme vous êtes, Madame, cette personne, il ne tiendra qu'à vous que vous n'ayez autant d'esprit qu'on en peut avoir, pourvu que vous vouliez bien m'épouser.»

La Princesse demeura toute interdite, et ne répondit rien.

«Ich verstehe gar nicht, mein Fräulein, dass eine so schöne Person, wie Ihr es seid, so traurig sein kann, wie Ihr es zu sein scheint; denn wenn ich mich auch rühmen darf, unendlich viele schöne Personen gesehen zu haben, muss ich doch sagen, dass ich noch niemals eine gesehen habe, deren Schönheit der Eurigen auch nur nahekommen möchte.»

«Das sagt Ihr so, Monsieur», erwiderte die Prinzessin, und damit verstummte sie.

«Die Schönheit», versetzte Riquet mit dem Schopf, «ist ein so großer Vorzug, dass er alles übrige ersetzen kann; wenn man diesen Vorzug besitzt, so kann ich mir nicht vorstellen, was es geben könnte, das einen gar zu sehr betrüben möchte.»

«Ich wäre lieber», sagte die Prinzessin, «so hässlich wie Ihr und dafür klug, anstatt schön zu sein wie ich und so dumm wie ich.»

«Es gibt nichts, mein Fräulein, was so sehr beweist, dass jemand klug ist, als wenn er glaubt, es nicht zu sein; und es liegt in der Natur dieser Tugend, dass man ihrer um so mehr zu ermangeln glaubt, je mehr man davon hat.»

«Das weiß ich nicht», sagte die Prinzessin, «aber ich weiß genau, dass ich sehr dumm bin, und daher kommt der Kummer, der mich umbringt.»

«Wenn es nur das ist, mein Fräulein, was Euch betrübt, so kann ich Euren Schmerz leicht beenden.»

«Und wie wollt Ihr das machen?» sagte die Prinzessin.

«Ich habe die Fähigkeit, mein Fräulein», sagte Riquet mit dem Schopf, «so viel Klugheit, wie man nur haben mag, derjenigen Person zu geben, die ich am meisten lieben werde; und da Ihr, mein Fräulein, diese Person seid, liegt es nur bei Euch, so viel Klugheit zu bekommen, wie man überhaupt haben kann, wenn Ihr bereit seid, mich zu heiraten.»

Die Prinzessin war vollkommen sprachlos und erwiderte ihm kein Wort.

«Je vois, reprit Riquet à la Houppe, que cette proposition vous fait de la peine, et je ne m'en étonne pas; mais je vous donne un an tout entier pour vous y résoudre.»

La Princesse avait si peu d'esprit, et en même temps une si grande envie d'en avoir, qu'elle s'imagina que la fin de cette année ne viendrait jamais; de sorte qu'elle accepta la proposition qui lui était faite. Elle n'eut pas plus tôt promis à Riquet à la Houppe, qu'elle l'épouserait dans un an à pareil jour, qu'elle se sentit tout autre qu'elle n'était auparavant: elle se trouva une facilité incroyable à dire tout ce qui lui plaisait, et à le dire d'une manière fine, aisée et naturelle. Elle commença dès ce moment une conversation galante et soutenue avec Riquet à la Houppe, où elle brilla d'une telle force que Riquet à la Houppe crut lui avoir donné plus d'esprit qu'il ne s'en était réservé pour lui-même.

Quand elle fut retournée au palais, toute la cour ne savait que penser d'un changement si subit et si extraordinaire: car autant qu'on lui avait ouï dire d'impertinences auparavant, autant lui entendait-on dire des choses bien sensées et infiniment spirituelles. Toute la cour en eut une joie qui ne se peut imaginer; il n'y eut que sa cadette qui n'en fut pas bien aise, parce que, n'ayant plus sur son aînée l'avantage de l'esprit, elle ne paraissait plus auprès d'elle qu'une guenon fort désagréable.

Le Roi se conduisait par ses avis, et allait même quelquefois tenir le conseil dans son appartement. Le bruit de ce changement s'étant répandu, tous les jeunes princes des royaumes voisins firent leurs efforts pour s'en faire aimer, et presque tous la demandèrent en mariage; mais elle n'en trouvait point qui

«Ich sehe», versetzte Riquet mit dem Schopf, «dass Euch dieser Vorschlag beunruhigt, und das wundert mich auch gar nicht. Aber ich gebe Euch ein ganzes Jahr, damit Ihr Euch dazu entschließen mögt.»

Die Prinzessin hatte so wenig Klugheit und zugleich so große Sehnsucht danach, dass sie meinte, das Ende dieses Jahres werde niemals kommen; deshalb nahm sie das Angebot, das ihr gemacht wurde, gleich an. Und kaum hatte sie Riquet mit dem Schopf versprochen, ihn am gleichen Tag übers Jahr zu heiraten, da fühlte sie, dass sie eine ganz andere wurde als zuvor: sie spürte eine unglaubliche Mühelosigkeit, alles zu sagen, was ihr gefiel, und es auf eine geistreiche, ungezwungene und natürliche Weise zu sagen. Sogleich zog sie Riquet mit dem Schopf in ein artiges und gewähltes Gespräch, in dem sie so sehr glänzte, dass Riquet mit dem Schopf schon glaubte, er habe ihr mehr Klugheit abgegeben, als er für sich selbst behalten hatte.

Als sie in den Palast zurückgekehrt war, wusste der gesamte Hof nicht, was er zu einer so plötzlichen und außerordentlichen Verwandlung sagen sollte: denn so viele Ungereimtheiten man sie bis dahin hatte sagen hören, so viele höchst vernünftige und überaus geistreiche Dinge vernahm man jetzt von ihr. Der ganze Hof freute sich darüber dermaßen, dass man es sich nicht vorstellen kann; nur ihre jüngere Schwester war nicht glücklich darüber, weil sie nun, da sie gegenüber ihrer älteren Schwester nicht mehr den Vorzug der Klugheit hatte, neben ihr nur noch als eine höchst garstige Vettel erschien.

Der König ließ sich von ihrer Meinung leiten und ließ sogar zuweilen den Kronrat in ihren Gemächern tagen. Als sich das Gerücht von dieser Verwandlung ausgebreitet hatte, bemühten sich alle jungen Prinzen aus den Nachbarreichen, ihr Liebe einzuflößen, und fast alle erbaten sie zur Ehe. Aber sie fand unter ihnen keinen, der klug genug gewesen wäre,

eût assez d'esprit, et elle les écoutait tous sans s'engager à pas un d'eux. Cependant il en vint un si puissant, si riche, si spirituel et si bien fait, qu'elle ne put s'empêcher d'avoir de la bonne volonté pour lui. Son père, s'en étant aperçu, lui dit qu'il la faisait la maîtresse sur le choix d'un époux, et qu'elle n'avait qu'à se déclarer. Comme, plus on a d'esprit, et plus on a de peine à prendre une ferme résolution sur cette affaire, elle demanda, après avoir remercié son père, qu'il lui donnât du temps pour y penser.

Elle alla par hasard se promener dans le même bois où elle avait trouvé Riquet à la Houppe, pour rêver plus commodément à ce qu'elle avait à faire. Dans le temps qu'elle se promenait, rêvant profondément, elle entendit un bruit sourd sous ses pieds, comme de plusieurs personnes qui vont et viennent et qui agissent. Ayant prêté l'oreille plus attentivement, elle ouït que l'un disait: «Apporte-moi cette marmite»; l'autre: «Donne-moi cette chaudière»; l'autre: «Mets du bois dans ce feu». La terre s'ouvrit dans le même temps, et elle vit sous ses pieds comme une grande cuisine pleine de cuisiniers, de marmitons et de toutes sortes d'officiers nécessaires pour faire un festin magnifique. Il en sortit une bande de vingt ou trente rôtisseurs, qui allèrent se camper

und sie hörte sie alle an, ohne sich einem von ihnen zu versprechen. Einer aber kam, der war so mächtig, so reich, so klug und so hübsch, dass sie sich nicht enthalten konnte, Zuneigung zu ihm zu empfinden. Ihr Vater, der das gemerkt hatte, sagte zu ihr, er lasse ihr die freie Wahl des Ehegatten; sie brauche sich nur für einen zu erklären. Weil man aber, je klüger man ist, um so mehr Mühe hat, in dieser Angelegenheit einen festen Entschluss zu fassen, bat sie, nachdem sie ihrem Vater gedankt hatte, man möge ihr Zeit geben, darüber nachzudenken.

Zufällig ging sie in demselben Wald, in dem sie Riquet mit dem Schopf getroffen hatte, spazieren, um ungestörter darüber nachzusinnen, was sie tun sollte. Während sie so in Gedanken versunken spazieren ging, hörte sie unter ihren Füßen ein dumpfes Geräusch wie von mehreren Leuten, die hin und her gehen und sich tummeln. Als sie aufmerksamer hinhörte, verstand sie, wie einer sagte: «Bring mir den Topf», ein anderer: «Gib mir den Kessel», wieder ein anderer: «Leg Holz auf das Feuer.» Zur gleichen Zeit tat sich die Erde auf, und sie sah zu ihren Füßen so etwas wie eine große Küche, die war voll mit Köchen, Küchenjungen und allen möglichen Bediensteten, wie man sie braucht, um ein prächtiges Festmahl anzurichten. Eine Schar von zwanzig oder dreißig Bratköchen kam herausgelaufen, die sich in einer Schneise des Waldes um einen sehr langen

dans une allée du bois autour d'une table fort longue, et qui tous, la lardoire à la main et la queue de renard sur l'oreille, se mirent à travailler en cadence au son d'une chanson harmonieuse.

La Princesse, étonnée de ce spectacle, leur demanda pour qui ils travaillaient.

«C'est, Madame, lui répondit le plus apparent de la bande, pour le prince Riquet à la Houppe, dont les noces se feront demain.»

La Princesse, encore plus surprise qu'elle ne l'avait été, et se ressouvenant tout à coup qu'il y avait un an qu'à pareil jour elle avait promis d'épouser le prince Riquet à la Houppe, pensa tomber de son haut. Ce qui faisait qu'elle ne s'en souvenait pas, c'est que quand elle fit cette promesse, elle était une bête, et qu'en prenant le nouvel esprit que le Prince lui avait donné, elle avait oublié toutes ses sottises.

Elle n'eut pas fait trente pas en continuant sa promenade, que Riquet à la Houppe se présenta à elle, brave, magnifique, et comme un prince qui va se marier.

«Vous me voyez, dit-il, Madame, exact à tenir ma parole, et je ne doute point que vous ne veniez ici pour exécuter la vôtre, et me rendre, en me donnant la main, le plus heureux de tous les hommes.

– Je vous avouerai franchement, répondit la Princesse, que je n'ai pas encore pris ma résolution là-dessus, et que je ne crois pas pouvoir jamais la prendre telle que vous la souhaitez.

– Vous m'étonnez, Madame, lui dit Riquet à la Houppe.

– Je le crois, dit la Princesse, et assurément, si j'avais affaire à un brutal, à un homme sans esprit, je me trouverais bien embarrassée. «Une princesse

Tisch niederließen und sich alle, die Spicknadel in der Hand und den Fuchsschwanz über dem Ohr, zum Schall eines wohlklingenden Liedes im gleichen Takt an die Arbeit machten.

Die Prinzessin, erstaunt über dieses Schauspiel, fragte sie, für wen sie arbeiteten.

«Wir arbeiten, mein Fräulein», sagte der auffallendste von ihnen, «für den Prinzen Riquet mit dem Schopf, dessen Hochzeit morgen gefeiert wird.»

Die Prinzessin war noch überraschter, als sie es zuvor gewesen war, und als sie sich plötzlich wieder erinnerte, dass sie am gleichen Tage vor einem Jahr versprochen hatte, den Prinzen Riquet mit dem Schopf zu heiraten, glaubte sie aus allen Wolken zu fallen. Dass sie sich nicht mehr erinnert hatte, lag daran, dass sie noch dumm gewesen war, als sie dieses Versprechen gegeben hatte, und dass sie alle ihre Dummheiten vergessen hatte, als ihr die neue Klugheit gekommen war, die der Prinz ihr gegeben hatte.

Sie hatte noch keine dreißig Schritte getan, während sie ihren Spaziergang fortsetzte, da stand Riquet mit dem Schopf vor ihr, geschmückt und prächtig angetan wie ein Prinz, der sich zu seiner Hochzeit begibt.

«Ihr seht, mein Fräulein», sagte er, «dass ich mein Wort pünktlich einhalte; ich zweifle nicht, dass Ihr gekommen seid, das Eure einzulösen und mich, indem Ihr mir Eure Hand gebt, zum glücklichsten aller Menschen zu machen.»

«Ich gestehe Euch offen», erwiderte die Prinzessin, «dass ich meine Entscheidung darüber noch nicht getroffen habe, und dass ich auch nicht glaube, sie jemals in der Weise treffen zu können, wie Ihr sie Euch wünscht.»

«Ihr setzt mich in Erstaunen, mein Fräulein», sagte Riquet mit dem Schopf.

«Das glaube ich wohl», sagte die Prinzessin, «und wenn ich es mit einem ungehobelten und geistlosen Mann zu tun hätte, so wäre ich gewiss sehr in Verlegenheit. ‹Eine Prinzes-

«n'a que sa parole, me dirait-il, et il faut que vous «m'épousiez, puisque vous me l'avez promis.» Mais comme celui à qui je parle est l'homme du monde qui a le plus d'esprit, je suis sûre qu'il entendra raison. Vous savez que, quand je n'étais qu'une bête, je ne pouvais néanmoins me résoudre à vous épouser; comment voulez-vous qu'ayant l'esprit que vous m'avez donné, qui me rend encore plus difficile en gens que je n'étais, je prenne aujourd'hui une résolution que je n'ai pu prendre dans ce temps-là? Si vous pensiez tout de bon à m'épouser, vous avez eu grand tort de m'ôter ma bêtise, et de me faire voir plus clair que je ne voyais.

– Si un homme sans esprit, répondit Riquet à la Houppe, serait bien reçu, comme vous venez de le dire, à vous reprocher votre manque de parole, pourquoi voulez-vous, Madame, que je n'en use pas de même, dans une chose où il y va de tout le bonheur de ma vie? Est-il raisonnable que les personnes qui ont de l'esprit soient d'une pire condition que ceux qui n'en ont pas? Le pouvez-vous prétendre, vous qui en avez tant, et qui avez tant souhaité d'en avoir? Mais venons au fait, s'il vous plaît. A la réserve de ma laideur, y a-t-il quelque chose en moi qui vous déplaise? Etes-vous malcontente de ma naissance, de mon esprit, de mon humeur, et de mes manières?

– Nullement, répondit la Princesse; j'aime en vous tout ce que vous venez de me dire.

– Si cela est ainsi, reprit Riquet à la Houppe, je vais être heureux, puisque vous pouvez me rendre le plus aimable de tous les hommes.

– Comment cela se peut-il faire? lui dit la Princesse.

sin kennt nur ihr Wort›, würde er zu mir sagen, ‹und Ihr müsst mich heiraten, weil Ihr es mir versprochen habt.› Aber weil der, mit dem ich spreche, ein Mann von Welt ist und unendlich viel Geist und Klugheit hat, so bin ich sicher, dass er sich der Vernunft beugen wird. Ihr wisst, dass ich mich kaum entschließen konnte, Euch zu heiraten, da ich noch dumm war; wie wollt Ihr, dass ich im Besitze der Klugheit, die Ihr mir gegeben habt und die mich noch anspruchsvoller gegenüber den Menschen macht als vorher, heute eine Entscheidung treffe, die ich schon damals nicht zu treffen vermochte? Wenn Ihr mich damals wirklich heiraten wolltet, so war es sehr ungeschickt von Euch, mir meine Dummheit zu nehmen und mich klarsichtiger zu machen, als ich es war.»

«Wenn Ihr einem geistlosen Mann», entgegnete Riquet mit dem Schopf, «das Recht zugestehen würdet, Euch Euren Wortbruch vorzuwerfen, wie Ihr eben gesagt habt – warum verlangt Ihr dann von mir, ich solle anders verfahren in einer Sache, bei der es um das Glück meines Lebens geht? Ist es denn vernünftig, dass Leute von Geist und Klugheit schlechter gestellt sein sollen als die, denen beides fehlt? Könnt gerade Ihr das wollen, die Ihr so viel Klugheit habt und so sehr gewünscht habt, welche zu haben? Aber kommen wir zur Sache, wenn es Euch beliebt. Gibt es, abgesehen von meiner Hässlichkeit, etwas, das Euch an mir missfällt? Seid Ihr unzufrieden mit meiner Geburt, mit meiner Klugheit, mit meiner Art oder mit meinem Betragen?»

«In keiner Weise», erwiderte die Prinzessin, «ich liebe alles an Euch, was Ihr mir da aufgezählt habt.»

«Wenn dem so ist», versetzte Riquet mit dem Schopf, «so werde ich glücklich; denn Ihr könnt mich zum liebenswertesten aller Menschen machen.»

«Wie sollte das geschehen können?» fragte ihn die Prinzessin.

– Cela se fera, répondit Riquet à la Houppe, si vous m'aimez assez pour souhaiter que cela soit; et afin, Madame, que vous n'en doutiez pas, sachez que la même fée qui, au jour de ma naissance, me fit le don de pouvoir rendre spirituelle la personne qu'il me plairait, vous a aussi fait le don de pouvoir rendre beau celui que vous aimerez, et à qui vous voudrez bien faire cette faveur.

– Si la chose est ainsi, dit la Princesse, je souhaite de tout mon cœur que vous deveniez le prince du monde le plus beau et le plus aimable, et je vous en fais le don autant qu'il est en moi.»

La Princesse n'eut pas plus tôt prononcé ces paroles que Riquet à la Houppe parut, à ses yeux, l'homme du monde le plus beau, le mieux fait, et le plus aimable qu'elle eût jamais vu. Quelques-uns assurent que ce ne furent point les charmes de la fée qui opérèrent, mais que l'amour seul fit cette métamorphose. Ils disent que la Princesse, ayant fait réflexion sur la persévérance de son amant, sur sa discrétion et sur toutes les bonnes qualités de son âme et de son esprit, ne vit plus la difformité de son corps ni la laideur de son visage; que sa bosse ne lui sembla plus que le bon air d'un homme qui fait le gros dos, et qu'au lieu que jusqu'alors elle l'avait vu boiter effroyablement, elle ne lui trouva plus qu'un certain air penché qui la charmait. Ils disent encore que ses yeux, qui étaient louches, ne lui en parurent que plus brillants; que leur dérèglement passa dans son esprit pour la marque d'un violent excès d'amour, et qu'enfin son gros nez rouge eut pour elle quelque chose de martial et d'héroïque.

Quoi qu'il en soit, la Princesse lui promit sur-le-champ de l'épouser, pourvu qu'il en obtînt le con-

«Das wird geschehen», erwiderte Riquet mit dem Schopf, «wenn Ihr mich genug liebt, um zu wünschen, dass es so sei; und damit Ihr nicht daran zweifelt, mein Fräulein, mögt Ihr wissen, dass dieselbe Fee, die mir am Tage meiner Geburt die Gabe verliehen hat, diejenige Person klug zu machen, die mir gefallen würde, auch Euch die Gabe verliehen hat, denjenigen schön zu machen, den Ihr liebt und dem Ihr gütigerweise diese Gunst erweisen wollt.»

«Wenn die Sache so steht», sagte die Prinzessin, «so wünsche ich von ganzem Herzen, dass Ihr der schönste und liebenswerteste Prinz von der Welt werden möget, und ich mache Euch dieses Geschenk, so viel von mir abhängt.»

Die Prinzessin hatte diese Worte kaum gesprochen, da erschien Riquet mit dem Schopf vor ihren Augen als der schönste, wohlgestaltetste und liebenswerteste Mann, den die Welt je gesehen hatte. Manche allerdings behaupten, nicht der Zauber der Fee habe dies bewirkt, sondern allein die Liebe habe diese Verwandlung zuwege gebracht. Sie sagen, dass die Prinzessin die Beharrlichkeit ihres Liebhabers, seine Zurückhaltung und all die guten Eigenschaften seiner Seele und seines Geistes bedacht und fortan weder seinen missgestalteten Körper noch sein hässliches Antlitz gesehen habe; dass er mit seinem Buckel für sie nur noch das erfreuliche Aussehen eines Mannes gehabt habe, der sich in Positur setzt, und dass sie statt seines grässlichen Hinkens, das sie bislang gesehen hatte, an ihm nur noch eine gewisse leicht gebeugte Haltung bemerkte, die sie entzückte. Sie sagen auch, dass seine schielenden Augen ihr nur desto strahlender erschienen und sein Silberblick in ihrer Vorstellung zum Anzeichen eines heftigen Liebesüberschwanges wurde, und dass endlich seine dicke rote Nase für sie ein kriegerisches und heldisches Aussehen annahm.

Wie dem auch sei, die Prinzessin versprach ihm auf der Stelle, ihn zu heiraten, wenn er die Zustimmung des Kö-

sentement du Roi son père. Le Roi, ayant su que sa fille avait beaucoup d'estime pour Riquet à la Houppe, qu'il connaissait d'ailleurs pour un prince très spirituel et très sage, le reçut avec plaisir pour son gendre. Dès le lendemain, les noces furent faites, ainsi que Riquet à la Houppe l'avait prévu, et selon les ordres qu'il en avait donnés longtemps auparavant.

Moralité

Ce que l'on voit dans cet écrit
Est moins un conte en l'air que la vérité même.
Tout est beau dans ce que l'on aime;
Tout ce qu'on aime a de l'esprit.

Autre Moralité

Dans un objet où la nature
Aura mis de beaux traits et la vive peinture
D'un teint où jamais l'art ne saurait arriver,
Tous ces dons pourront moins pour rendre un cœur
Qu'un seul agrément invisible   sensible
Que l'amour y fera trouver.

nigs, ihres Vaters, dazu erhielte. Der König, der erfahren hatte, dass seine Tochter Riquet mit dem Schopf überaus schätzte, den er nebenbei als einen sehr geistreichen und klugen Prinzen kannte, machte ihn mit Vergnügen zu seinem Schwiegersohn. Schon am anderen Tage wurde die Hochzeit gefeiert, so wie Riquet mit dem Schopf es vorgesehen, und nach den Anweisungen, die er schon lange vorher gegeben hatte.

Moral

Was man im Text hier lesen kann,
ist nicht ein bloßes Märchen, sondern wahr genug.
Denn schön ist alles, sieht man es mit Liebe an,
und alles, was man liebt, ist klug.

Weitere Moral

An einem Wesen, welchem die Natur
die schönen Züge gab, die lebhafte Lasur
der Haut, die keinem Maler je gelingt,
berührt all dies ein Herz bei weitem nicht so stark
wie ein geheimer Vorzug, der sich lang verbarg,
bis ihn die Liebe erst zutage bringt.

LE PETIT POUCET

Il était une fois un bûcheron et une bûcheronne, qui avaient sept enfants, tous garçons; l'aîné n'avait que dix ans, et le plus jeune n'en avait que sept. On s'étonnera que le bûcheron ait eu tant d'enfants en si peu de temps; mais c'est que sa femme allait vite en besogne, et n'en faisait pas moins que deux à la fois.

Ils étaient fort pauvres, et leurs sept enfants les incommodaient beaucoup, parce qu'aucun d'eux ne pouvait encore gagner sa vie. Ce qui les chagrinait encore, c'est que le plus jeune était fort délicat, et ne disait mot, prenant pour bêtise, ce qui était une marque de la bonté de son esprit. Il était fort petit, et quand il vint au monde, il n'était guère plus gros que le pouce, ce qui fit qu'on l'appela *le Petit Poucet*.

Ce pauvre enfant était le souffre-douleurs de la maison, et on lui donnait toujours le tort. Cependant il était le plus fin et le plus avisé de tous ses frères, et s'il parlait peu, il écoutait beaucoup.

Il vint une année très fâcheuse, et la famine fut si grande que ces pauvres gens résolurent de se défaire de leurs enfants. Un soir que ces enfants étaient couchés, et que le bûcheron était auprès du feu avec sa femme, il lui dit, le cœur serré de douleur:

«Tu vois bien que nous ne pouvons plus nourrir nos enfants; je ne saurais les voir mourir de faim devant mes yeux, et je suis résolu de les mener perdre demain au bois, ce qui sera bien aisé, car tandis qu'ils s'amuseront à fagoter, nous n'avons qu'à nous enfuir sans qu'ils nous voient.

– Ah! s'écria la bûcheronne, pourrais-tu bien toi-même mener perdre tes enfants!»

DÄUMLING

Es waren einmal ein Holzfäller und eine Holzfällersfrau, die hatten sieben Kinder, alles Buben; der Älteste war erst zehn Jahre alt und der Jüngste erst sieben. Es mag verwunderlich erscheinen, dass der Holzfäller in so kurzer Zeit so viele Kinder hatte, aber es lag daran, dass seine Frau rasch voranmachte und nie weniger als zwei auf einmal gebar.

Sie waren bitter arm, und ihre sieben Kinder fielen ihnen sehr zur Last, weil noch keines davon sein Brot selber verdienen konnte. Außerdem bekümmerte es sie, dass der Jüngste sehr zart war und kein Wort sagte; denn sie nahmen für Dummheit, was ein Zeichen für die Stärke seines Verstandes war. Er war winzig, und als er zur Welt kam, war er kaum dicker als ein Daumen, weshalb er denn auch *Däumling* genannt wurde.

Das arme Kind war der Sündenbock im Hause, und man gab ihm immer unrecht. Dabei war er der Klügste und Aufgewecktteste unter allen seinen Brüdern, und wenn er auch wenig sprach, hörte er doch viel.

Da kam ein sehr hartes Jahr, und die Hungersnot war so groß, dass die armen Leute beschlossen, sich ihrer Kinder zu entledigen. Eines Abends, als die Kinder im Bett lagen und der Holzfäller mit seiner Frau am Feuer saß, sagte er zu ihr, und das Herz war ihm beklommen vor Schmerz:

«Du siehst selber, dass wir unsere Kinder nicht mehr sattmachen können; ich könnte es nicht ertragen, sie vor meinen Augen verhungern zu sehen; deshalb bin ich entschlossen, sie morgen im Wald in die Irre zu führen, was ein leichtes sein wird; denn während sie sich mit Reisigbinden beschäftigen, brauchen wir nur wegzulaufen, ohne dass sie uns sehen.»

«Ach!» rief die Holzfällersfrau. «Könntest du denn wirklich selber deine Kinder in die Irre führen?»

Son mari avait beau lui représenter leur grande pauvreté, elle ne pouvait y consentir; elle était pauvre, mais elle était leur mère.

Cependant, ayant considéré quelle douleur ce lui serait de les voir mourir de faim, elle y consentit, et alla se coucher en pleurant.

Le Petit Poucet ouït tout ce qu'ils dirent, car ayant entendu de dedans son lit qu'ils parlaient d'affaires, il s'était levé doucement, et s'était glissé sous l'escabelle de son père pour les écouter sans être vu. Il alla se recoucher et ne dormit point le reste de la nuit, songeant à ce qu'il avait à faire.

Il se leva de bon matin, et alla au bord d'un ruisseau, où il emplit ses poches de petits cailloux blancs, et ensuite revint à la maison. On partit, et le Petit Poucet ne découvrit rien de tout ce qu'il savait à ses frères.

Ihr Mann mochte ihr noch so sehr ihre große Armut vorhalten, sie konnte nicht zustimmen; sie war arm, aber sie war ihre Mutter.

Schließlich aber, als sie bedacht hatte, welch einen Schmerz es ihr bereiten würde, zuzusehen, wie ihre Kinder verhungerten, stimmte sie zu und ging weinend zu Bett.

Däumling hörte alles, was sie sagten, denn da er von seinem Bett aus vernommen hatte, dass sie von Geschäften sprachen, war er leise aufgestanden und hatte sich unter den Schemel des Vaters geschlichen, um zuzuhören, ohne gesehen zu werden. Er ging wieder ins Bett und konnte den Rest der Nacht nicht schlafen, weil er bedachte, was er tun sollte.

Er stand am frühen Morgen auf, ging an das Ufer eines Baches, wo er seine Taschen mit kleinen weißen Kieseln füllte, und kehrte dann wieder ins Haus zurück. Sie brachen auf, und Däumling verriet seinen Brüdern nichts von all dem, was er wusste.

Ils allèrent dans une forêt fort épaisse, où à dix pas de distance on ne se voyait pas l'un l'autre. Le bûcheron se mit à couper du bois, et ses enfants à ramasser des broutilles pour faire des fagots. Le père et la mère les voyant occupés à travailler, s'éloignèrent d'eux insensiblement, et puis s'enfuirent tout à coup par un petit sentier détourné.

Lorsque ces enfants se virent seuls, il se mirent à crier et à pleurer de toute leur force. Le Petit Poucet les laissait crier, sachant bien par où il reviendrait à la maison, car en marchant il avait laissé tomber le long du chemin les petits cailloux blancs qu'il avait dans ses poches. Il leur dit donc:

«Ne craignez point, mes frères; mon père et ma mère nous ont laissés ici, mais je vous ramènerai bien au logis: suivez-moi seulement.»

Ils le suivirent, et il les mena jusqu'à leur maison par le même chemin qu'ils étaient venus dans la forêt. Ils n'osèrent d'abord entrer, mais ils se mirent tous contre la porte pour écouter ce que disaient leur père et leur mère.

Dans le moment que le bûcheron et la bûcheronne arrivèrent chez eux, le seigneur du village leur envoya dix écus qu'il leur devait il y avait longtemps, et dont ils n'espéraient plus rien. Cela leur redonna la vie, car les pauvres gens mouraient de faim. Le bûcheron envoya sur l'heure sa femme à la boucherie. Comme il y avait longtemps qu'elle n'avait mangé, elle acheta trois fois plus de viande qu'il n'en fallait pour le souper de deux personnes. Lorsqu'ils furent rassasiés, la bûcheronne dit:

«Hélas! où sont maintenant ces pauvres enfants? Ils feraient bonne chère de ce qui nous reste là. Mais aussi, Guillaume, c'est toi qui les as voulu perdre;

Sie gingen in einen ganz dichten Wald, in dem man auf zehn Schritte Entfernung einander nicht mehr sah. Der Holzfäller fing an, Holz zu schlagen, und seine Kinder begannen, Reisig aufzulesen, um Bündel daraus zu machen. Als der Vater und die Mutter sie mit ihrer Arbeit beschäftigt sahen, entfernten sie sich verstohlen von ihnen und liefen dann rasch auf einem verborgenen Weg davon.

Als die Kinder sahen, dass sie allein waren, fingen sie an zu rufen und zu weinen, so laut sie konnten. Däumling ließ sie rufen, weil er sehr wohl wusste, wie er zum Haus zurückfinden würde; denn er hatte beim Gehen den ganzen Weg entlang die kleinen weißen Kiesel fallen lassen, die er in seinen Taschen hatte. Deshalb sagte er zu ihnen:

«Habt keine Furcht, liebe Brüder; der Vater und die Mutter haben uns hier zurückgelassen, aber ich will euch heil nach Hause führen: geht nur hinter mir her.»

Sie gingen hinter ihm her, und er führte sie den selben Weg, den sie in den Wald gekommen waren, bis an ihr Haus. Zunächst aber wagten sie nicht hineinzugehen, sondern stellten sich alle an die Tür, um zu hören, was ihr Vater und ihre Mutter sagten.

Gerade als der Holzfäller und die Holzfällersfrau daheim ankamen, schickte ihnen der Herr des Dorfes zehn Taler, die er ihnen schon lange schuldig war und auf die sie gar nicht mehr gehofft hatten. Das rettete ihnen das Leben; denn die armen Leute waren am Verhungern. Der Holzfäller schickte seine Frau auf der Stelle zum Fleischer. Weil es schon sehr lange her war, dass sie zuletzt etwas gegessen hatte, kaufte sie dreimal mehr Fleisch, als für ein Abendessen zu zweit nötig gewesen wäre. Als sie satt waren, sagte die Holzfällersfrau:

«Ach! Wo sind jetzt meine armen Kinder? Sie könnten sich laben an dem, was uns da übriggeblieben ist. Aber du, Wilhelm, hast sie in die Irre führen wollen; ich hatte ja

j'avais bien dit que nous nous en repentirions. Que font-ils maintenant dans cette forêt? Hélas! mon Dieu, les loups les ont peut-être déjà mangés! Tu es bien inhumain d'avoir perdu ainsi tes enfants!»

Le bûcheron s'impatienta à la fin, car elle redit plus de vingt fois qu'ils s'en repentiraient et qu'elle l'avait bien dit. Il la menaça de la battre si elle ne se taisait. Ce n'est pas que le bûcheron ne fût peut-être encore plus fâché que sa femme; mais c'est qu'elle lui rompait la tête, et qu'il était de l'humeur de beaucoup d'autres gens, qui aiment fort les femmes qui disent bien, mais qui trouvent très importunes celles qui ont toujours bien dit.

La bûcheronne était toute en pleurs:

«Hélas! où sont maintenant mes enfants, mes pauvres enfants?»

Elle le dit une fois si haut que les enfants qui étaient à la porte, l'ayant entendu, se mirent à crier tous ensemble:

«Nous voilà! nous voilà!»

Elle courut vite leur ouvrir la porte, et leur dit en les embrassant:

«Que je suis aise de vous revoir, mes chers enfants! Vous êtes bien las et vous avez bien faim; et toi, Pierrot, comme te voilà crotté, viens que je te débarbouille.»

Ce Pierrot était son fils aîné qu'elle aimait plus que tous les autres, parce qu'il était un peu rousseau, et qu'elle était un peu rousse.

Ils se mirent à table, et mangèrent d'un appétit qui faisait plaisir au père et à la mère, à qui ils racontaient la peur qu'ils avaient eue dans la forêt, en parlant presque toujours tous ensemble. Ces bonnes gens étaient ravis de revoir leurs enfants

gleich gesagt, dass wir es bereuen würden. Was machen sie jetzt im Wald? Ach! Mein Gott, vielleicht haben die Wölfe sie schon gefressen! Du bist wirklich ein Unmensch, dass du deine Kinder so ins Verderben geführt hast!»

Endlich wurde der Holzfäller ungeduldig, weil sie mehr als zwanzigmal wiederholte, dass sie es noch bereuen würden und dass sie es ja gleich gesagt habe. Er drohte ihr mit Schlägen, wenn sie nicht still sein wolle. Dabei war der Holzfäller vielleicht eher noch verstimmter als seine Frau; aber sie machte ihm den Kopf wirr, und er war von der Art wie viele andere Männer, die es gern sehen, wenn die Frauen das Rechte sagen, es aber für sehr unschicklich halten, wenn sie immer recht behalten wollen.

Die Holzfällersfrau war ganz in Tränen aufgelöst:

«Ach! Wo sind jetzt nur meine Kinder, meine armen Kinder?»

Einmal sagte sie es so laut, dass die Kinder, die draußen vor der Tür standen und sie gehört hatten, alle zugleich zu rufen anfingen:

«Hier sind wir! Hier sind wir!»

Sie lief rasch hin, machte ihnen die Tür auf und nahm sie in den Arm und sagte zu ihnen:

«Wie freue ich mich, euch wiederzusehen, meine lieben Kinder! Ihr seid gewiss sehr müde und habt argen Hunger; und du, mein Peter, wie bist du voll Schmutz; komm, lass dich waschen.»

Dieser Peter war ihr ältester Sohn, den sie mehr liebte als alle anderen, weil er ein wenig rothaarig und weil auch sie ein wenig rothaarig war.

Sie setzten sich zu Tisch und aßen mit einem Appetit, der dem Vater und der Mutter Freude machte; dabei erzählten sie von ihrer Angst, die sie im Walde ausgestanden hatten; sie sprachen fast immer zu gleicher Zeit. Die guten Leute waren entzückt, ihre Kinder wieder bei sich zu sehen, und

avec eux, et cette joie dura tant que les dix écus durèrent. Mais lorsque l'argent fut dépensé, ils retombèrent dans leur premier chagrin, et résolurent de les perdre encore, et pour ne pas manquer leur coup, de les mener bien plus loin que la première fois.

Ils ne purent parler de cela si secrètement qu'ils ne fussent entendus par le Petit Poucet, qui fit son compte de sortir d'affaire comme il avait déjà fait; mais quoi qu'il se fût levé de bon matin pour aller ramasser de petits cailloux, il ne put en venir à bout, car il trouva la porte de la maison fermée à double tour. Il ne savait que faire, lorsque, la bûcheronne leur ayant donné à chacun un morceau de pain pour leur déjeuner, il songea qu'il pourrait se servir de son pain au lieu de cailloux en le jetant par miettes le long des chemins où ils passeraient: il le serra donc dans sa poche.

Le père et la mère les menèrent dans l'endroit de la forêt le plus épais et le plus obscur; et dès qu'ils y furent, ils gagnèrent un faux-fuyant et les laissèrent là. Le Petit Poucet ne s'en chagrina pas beaucoup, parce qu'il croyait retrouver aisément son chemin par le moyen de son pain qu'il avait semé partout où il avait passé; mais il fut bien surpris lorsqu'il ne put en retrouver une seule miette: les oiseaux étaient venus qui avaient tout mangé.

Les voilà donc bien affligés: car plus ils marchaient, plus ils s'égaraient, et s'enfonçaient dans la forêt. La nuit vint, et s'éleva un grand vent qui leur faisait des peurs épouvantables. Ils croyaient n'entendre de tous côtés que des hurlements de loups qui venaient à eux pour les manger. Ils n'osaient presque se parler ni tourner la tête. Il survint une grosse pluie qui les perça jusqu'aux os; ils

diese Freude hielt vor, solange die zehn Taler vorhielten. Als aber das Geld ausgegeben war, fielen sie in ihren früheren Kummer zurück und beschlossen, die Kinder wieder in die Irre zu führen und, um ihre Absicht nicht zu verfehlen, sie noch viel weiter wegzubringen als beim ersten Mal.

So heimlich konnten sie aber gar nicht darüber sprechen, dass Däumling sie nicht doch gehört hätte, der darauf rechnete, aus der Sache ebenso herauszukommen, wie er es schon einmal getan hatte. Aber obwohl er am frühen Morgen aufstand, um kleine Kiesel aufzusammeln, konnte er es nicht ausführen, weil er die Haustür zweimal abgeschlossen fand. Er wusste nicht, was er tun sollte. Da aber die Holzfällersfrau einem jeden von ihnen ein Stück Brot für das Mittagessen gegeben hatte, fiel ihm ein, dass er sich des Brotes statt der Kiesel bedienen könnte, indem er es krümchenweise an den Wegen entlang streute, die sie gehen würden. So verwahrte er das Brot in seiner Tasche.

Der Vater und die Mutter führten sie an den dichtesten und dunkelsten Ort im Walde, und kaum waren sie dort angelangt, nahmen sie einen Schlupfweg und ließen sie allein. Däumling bekümmerte sich nicht sehr deswegen, weil er glaubte, er werde seinen Weg leicht finden mit Hilfe der Brotkrumen, die er überall ausgestreut hatte, wo er entlanggegangen war. Aber er war höchst überrascht, als er nicht ein Krümchen davon wiederfinden konnte: die Vögel waren gekommen und hatten alles aufgepickt

Da waren sie nun tief betrübt; denn je weiter sie gingen, um so mehr verirrten sie sich; immer tiefer gerieten sie in den Wald. Es wurde Nacht, und ein großer Wind erhob sich, der ihnen schreckliche Angst machte. Sie glaubten ständig von allen Seiten das Geheul von Wölfen zu hören, die kamen, um sie zu fressen. Sie wagten kaum zu sprechen oder den Kopf zu wenden. Dazu stellte sich ein dicker Regen ein, der ihnen bis auf die Knochen drang; bei jedem Schritt rutschten

glissaient à chaque pas et tombaient dans la boue, d'où ils se relevaient tout crottés, ne sachant que faire de leurs mains.

Le Petit Poucet grimpa au haut d'un arbre pour voir s'il ne découvrirait rien; ayant tourné la tête de tous côtés, il vit une petite lueur comme d'une chandelle, mais qui était bien loin par delà la forêt. Il descendit de l'arbre, et lorsqu'il fut à terre, il ne vit plus rien: cela le désola. Cependant, ayant marché quelque temps avec ses frères du côté qu'il avait vu la lumière, il la revit en sortant du bois.

Ils arrivèrent enfin à la maison où était cette chandelle, non sans bien des frayeurs: car souvent ils la perdaient de vue, ce qui leur arrivait toutes les fois qu'ils descendaient dans quelques fonds. Ils heurtèrent à la porte, et une bonne femme vint leur ouvrir. Elle leur demanda ce qu'ils voulaient. Le Petit Poucet lui dit, qu'ils étaient de pauvres enfants qui s'étaient perdus dans la forêt, et qui demandaient à coucher par charité. Cette femme, les voyant tous si jolis, se mit à pleurer, et leur dit:

«Hélas! mes pauvres enfants, où êtes-vous venus? Savez-vous bien que c'est ici la maison d'un ogre qui mange les petits enfants?

«Hélas! Madame, lui répondit le Petit Poucet, qui tremblait de toute sa force aussi bien que ses frères, que ferons-nous? Il est bien sûr que les loups de la forêt ne manqueront pas de nous manger cette nuit, si vous ne voulez pas nous retirer chez vous. Et, cela étant, nous aimons mieux que ce soit Monsieur qui nous mange. Peut-être qu'il aura pitié de nous, si vous voulez bien l'en prier.»

La femme de l'Ogre qui crut qu'elle pourrait les cacher à son mari jusqu'au lendemain matin, les

sie aus und fielen in den Schmutz, aus dem sie ganz verschmiert aufstanden, ohne zu wissen, was sie mit ihren Händen anfangen sollten.

Däumling stieg in die Spitze eines Baumes, um zu sehen, ob er nicht etwas entdecken könne; als er den Kopf ringsum gewendet hatte, sah er ein kleines Licht wie von einer Kerze, aber es war sehr weit weg, jenseits des Waldes. Er stieg vom Baum, und als er am Boden war, sah er nichts mehr; das machte ihn traurig. Doch als er mit seinen Brüdern eine Zeitlang dorthin gegangen war, wo er das Licht gesehen hatte, sah er es wieder, als er aus dem Wald kam.

Endlich kamen sie an das Haus, wo diese Kerze brannte, freilich nicht, ohne große Angst auszustehen; denn oft verloren sie das Licht aus den Augen, und zwar geschah das jedesmal, wenn sie in eine Senke hinunter mussten. Sie klopften an die Tür, und eine gute Frau kam und machte ihnen auf. Sie fragte sie, was sie wollten. Däumling sagte zu ihr, sie seien arme Kinder und hätten sich im Walde verirrt und bäten um ein Nachtlager aus Barmherzigkeit. Als die Frau sah, dass sie alle so hübsch waren, fing sie an zu weinen und sagte zu ihnen:

«Ach! Meine armen Kinder, wohin seid ihr geraten? Wisst ihr denn auch, dass dieses Haus einem Menschenfresser gehört, der kleine Kinder frisst?»

«Ach, gute Frau», erwiderte ihr Däumling, der ebenso wie seine Brüder am ganzen Leibe zitterte, «was sollen wir tun? Ganz gewiss werden die Wölfe hier im Wald uns noch in dieser Nacht fressen, wenn Ihr uns nicht bei Euch aufnehmen wollt; und da dem nun einmal so ist, wollen wir lieber vom Hausherrn gefressen werden. Vielleicht hat er ja auch Erbarmen mit uns, wenn Ihr so gut sein wollt, ihn darum zu bitten.»

Die Frau des Menschenfressers glaubte, sie könne sie bis zum anderen Morgen vor ihrem Mann verstecken. Deshalb

laissa entrer et les mena se chauffer auprès d'un bon feu: car il y avait un mouton tout entier à la broche pour le souper de l'Ogre.

Comme ils commençaient à se chauffer, ils entendirent heurter trois ou quatre grands coups à la porte: c'était l'Ogre qui revenait. Aussitôt sa femme les fit cacher sous le lit, et alla ouvrir la porte. L'Ogre demanda d'abord si le souper était prêt, et si on avait tiré du vin, et aussitôt se mit à table. Le mouton était encore tout sanglant, mais il ne lui en sembla que meilleur. Il flairait à droite et à gauche, disant qu'il sentait la chair fraîche.

«Il faut, lui dit sa femme, que ce soit ce veau que je viens d'habiller que vous sentez.

– Je sens la chair fraîche, te dis-je encore une fois, reprit l'Ogre, en regardant sa femme de travers; et il y a ici quelque chose que je n'entends pas.»

En disant ces mots, il se leva de table, et alla droit au lit.

«Ah! dit-il, voilà donc comme tu veux me tromper, maudite femme! Je ne sais à quoi il tient que je ne te mange aussi: bien t'en prend d'être une vieille bête. Voilà du gibier qui me vient bien à propos pour traiter trois ogres de mes amis, qui doivent me venir voir ces jours ici.»

Il les tira de dessous le lit l'un après l'autre. Ces pauvres enfants se mirent à genoux en lui demandant pardon, mais ils avaient affaire au plus cruel de tous les ogres, qui bien loin d'avoir de la pitié les dévorait déjà des yeux, et disait à sa femme que ce serait là de friands morceaux, lorsqu'elle leur aurait fait une bonne sauce.

Il alla prendre un grand couteau, et en approchant de ces pauvres enfants, il l'aiguisait sur une longue

ließ sie die Kinder hereinkommen und führte sie zum Aufwärmen vor ein kräftiges Feuer: es steckte ein ganzer Hammel für das Nachtessen des Menschenfressers am Bratspieß.

Da sie anfingen, warm zu werden, hörten sie, wie jemand mit drei oder vier lauten Schlägen an die Tür klopfte: das war der Menschenfresser, der nach Hause kam. Sogleich ließ seine Frau sie unter das Bett kriechen und ging die Tür aufmachen. Der Menschenfresser fragte zunächst, ob die Suppe fertig und ob Wein gezapft sei, und setzte sich dann gleich zu Tische. Der Hammel war noch blutig, aber er schien ihm nur desto besser zu schmecken. Er schnupperte nach rechts und nach links und sagte, er rieche frisches Fleisch.

«Da muss Euch wohl», sagte seine Frau zu ihm, «das Kalb in die Nase stechen, das ich eben zurechtgemacht habe.»

«Ich rieche frisches Fleisch, sage ich dir noch einmal», versetzte der Menschenfresser, wobei er seine Frau scheel ansah, «und hier geschieht etwas, das ich nicht verstehe.»

Wie er diese Worte sprach, stand er vom Tisch auf und ging geradewegs zum Bett.

«Ah!» sagte er. «So also willst du mich betrügen, verfluchtes Weib! Ich weiss nicht, wie es kommt, dass ich dich nicht auch fresse; du hast Glück, dass du so ein altes Stück bist. Aber dieses Wildbret kommt mir gerade recht, um drei meiner Freunde, lauter Menschenfresser, zu bewirten, die mich in diesen Tagen besuchen wollen.»

Er zog sie einen nach dem anderen unter dem Bett hervor. Die armen Kinder warfen sich auf die Knie und baten ihn um Erbarmen; aber sie hatten es mit dem grausamsten aller Menschenfresser zu tun, der, weit davon entfernt, Mitleid zu haben, sie schon jetzt mit den Augen verschlang und zu seiner Frau sagte, die gäben einmal leckere Bratenstücke ab, wenn sie eine gute Soße dazu gemacht haben würde.

Er holte ein großes Messer, und indem er auf die armen Kinder zuging, wetzte er es an einem langen Stein, den er

pierre qu'il tenait à sa main gauche. Il en avait déjà empoigné un, lorsque sa femme lui dit:

«Que voulez-vous faire à l'heure qu'il est? n'aurez-vous pas assez de temps demain?

— Tais-toi, reprit l'Ogre, ils en seront plus mortifiés.

— Mais vous avez encore là tant de viande, reprit sa femme: voilà un veau, deux moutons et la moité d'un cochon!

— Tu as raison, dit l'Ogre, donne-leur bien à souper afin qu'ils ne maigrissent pas, et va les mener coucher.»

La bonne femme fut ravie de joie, et leur porta bien à souper; mais ils ne purent manger, tant ils étaient saisis de peur. Pour l'Ogre, il se remit à boire, ravi d'avoir de quoi si bien régaler ses amis. Il but une douzaine de coups de plus qu'à l'ordinaire, ce qui lui donna un peu dans la tête, et l'obligea de s'aller coucher.

L'Ogre avait sept filles qui n'étaient encore que des enfants. Ces petites ogresses avaient toutes le teint fort beau, parce qu'elles mangeaient de la chair fraîche comme leur père; mais elles avaient de petits yeux gris et tout ronds, le nez crochu et une fort grande bouche avec de longues dents fort aiguës et fort éloignées l'une de l'autre. Elles n'étaient

in der linken Hand hielt. Er hatte schon ein Kind gepackt, da sagte seine Frau zu ihm:

«Was wollt Ihr denn zu dieser Stunde mit ihnen machen? Habt Ihr nicht morgen Zeit genug?»

«Schweig still», versetzte der Menschenfresser, «dafür sind sie dann besser abgehangen.»

«Aber Ihr habt doch noch so viel Fleisch im Hause», versetzte seine Frau, «da sind ein Kalb, zwei Hammel und ein halbes Schwein!»

«Du hast recht», sagte der Menschenfresser, «gib ihnen ein gutes Nachtessen, damit sie nicht abmagern, und bring sie zu Bett.»

Die gute Frau war entzückt vor Freude und trug ihnen ein gutes Nachtessen auf; aber sie konnten nichts essen, so sehr waren sie von Angst ergriffen. Der Menschenfresser jedoch war entzückt, etwas so Gutes zu haben, um es seinen Freunden aufzutischen, und fing wieder an zu trinken. Er trank ein Dutzend Becher mehr als für gewöhnlich; das stieg ihm doch ein wenig in den Kopf und zwang ihn, sich ins Bett zu legen.

Der Menschenfresser hatte aber sieben Töchter, die waren noch Kinder. Diese kleinen Menschenfresser hatten alle eine wunderschöne Gesichtsfarbe, weil sie wie ihr Vater frisches Fleisch aßen; aber sie hatten dabei kleine, graue und ganz runde Augen, Hakennasen und sehr große Münder mit langen, spitzen Zähnen, die einer vom anderen weit abstanden.

pas encore fort méchantes; mais elles promettaient beaucoup, car elles mordaient déjà les petits enfants pour en sucer le sang.

On les avait fait coucher de bonne heure, et elles étaient toutes sept dans un grand lit, ayant chacune une couronne d'or sur la tête. Il y avait dans la même chambre un autre lit de la même grandeur: ce fut dans ce lit que la femme de l'Ogre mit coucher les sept petits garçons; après quoi elle s'alla coucher auprès de son mari.

Le Petit Poucet qui avait remarqué que les filles de l'Ogre avaient des couronnes d'or sur la tête, et qui craignait qu'il ne prît à l'Ogre quelque remords de ne les avoir pas égorgés dès le soir même, se leva vers le milieu de la nuit, et prenant les bonnets de ses frères et le sien, il alla tout doucement les mettre sur la tête des sept filles de l'Ogre, après leur avoir ôté leurs couronnes d'or qu'il mit sur la tête des ses frères et sur la sienne, afin que l'Ogre les prît pour ses filles, et ses filles pour les garçons qu'il voulait égorger.

La chose réussit comme il l'avait pensé: car l'Ogre, s'étant éveillé sur le minuit, eut regret d'avoir différé au lendemain ce qu'il pouvait exécuter la veille. Il se jeta donc brusquement hors du lit, et prenant son grand couteau:

«Allons voir, dit-il, comment se portent nos petits drôles, n'en faisons pas à deux fois.»

Il monta donc à tâtons à la chambre de ses filles et s'approcha du lit où étaient les petits garçons, qui dormaient tous, excepté le Petit Poucet, qui eut bien peur lorsqu'il sentit la main de l'Ogre qui lui tâtait la tête, comme il avait tâté celle de tous ses frères. L'Ogre qui sentit les couronnes d'or:

Sie waren noch nicht arg böse, aber sie waren sehr vielversprechend, denn sie bissen schon kleine Kinder, um ihr Blut zu schlecken.

Sie waren früh ins Bett gebracht worden und lagen alle sieben in einem großen Bett, jede mit einem goldenen Kränzchen auf dem Kopf. In demselben Zimmer stand noch ein Bett von gleicher Größe: in dieses Bett legte die Frau des Menschenfressers die sieben kleinen Buben schlafen; dann ging sie selber und legte sich zu ihrem Mann.

Däumling hatte bemerkt, dass die Töchter des Menschenfressers goldene Kränzchen auf dem Kopf hatten, und weil er fürchtete, dass der Menschenfresser es bereuen könnte, sie nicht gleich am Abend umgebracht zu haben, stand er mitten in der Nacht auf, nahm die Mützen seiner Brüder und seine eigene und ging und setzte sie vorsichtig auf den Kopf der sieben Töchter des Menschenfressers, nachdem er ihnen die goldenen Kränzchen abgenommen hatte, die er auf den Kopf seiner Brüder und auf seinen eigenen setzte, damit der Menschenfresser sie für seine Töchter und seine Töchter für die Buben halten sollte, die er umbringen wollte.

Der Streich gelang, wie er es gedacht hatte. Denn als der Menschenfresser gegen Mitternacht aufwachte, tat es ihm leid, eine Sache auf morgen verschoben zu haben, die er gestern hätte erledigen können. Er wälzte sich also plötzlich aus dem Bett, nahm sein großes Messer und sagte:

«Sehen wir einmal nach, wie es unseren kleinen Schlingeln geht; machen wir kurzen Prozess.»

Er tappte im Dunkeln in das Zimmer seiner Töchter hinauf und ging an das Bett, in dem die kleinen Buben lagen, die alle schliefen außer Däumling, der große Angst ausstand, als er die Hand des Menschenfressers spürte, der ihm den Kopf befühlte, wie er schon die Köpfe aller seiner Brüder befühlt hatte. Da der Menschenfresser die goldenen Kränzchen spürte, sagte er:

«Vraiment, dit-il, j'allais faire là un bel ouvrage; je vois bien que je bus trop hier au soir.»

Il alla ensuite au lit de ses filles, où, ayant senti les petits bonnets des garçons:

«Ah! les voilà, dit-il, nos gaillards; travaillons hardiment.»

En disant ces mots, il coupa sans balancer la gorge à ses sept filles. Fort content de cette expédition, il alla se recoucher auprès de sa femme.

Aussitôt que le Petit Poucet entendit ronfler l'Ogre, il réveilla ses frères, et leur dit de s'habiller promptement et de le suivre. Ils descendirent doucement dans le jardin, et sautèrent par-dessus les murailles. Ils coururent presque toute la nuit, toujours en tremblant et sans savoir où ils allaient.

L'Ogre, s'étant éveillé, dit à sa femme:

«Va-t'en là-haut habiller ces petits drôles d'hier au soir.»

L'Ogresse fut fort étonnée de la bonté de son mari, ne se doutant point de la manière qu'il entendait qu'elle les habillât, et croyant qu'il lui ordonnait de les aller vêtir. Elle monta en haut où elle fut bien surprise lorsqu'elle aperçut ses sept filles égorgées et nageant dans leur sang.

Elle commença par s'évanouir, car c'est le premier expédient que trouvent presque toutes les femmes

«Da hätte ich wirklich etwas Schönes angerichtet; ich sehe wohl, dass ich gestern abend zu viel getrunken habe.»

Darauf ging er zu dem Bett seiner Töchter, und nachdem er die kleinen Mützen der Buben gespürt hatte, sagte er:

«Aha, da hab ich meine Bürschlein; jetzt wacker an die Arbeit.»

Und indem er das sagte, schnitt er ohne zu zögern seinen sieben Töchtern die Kehle ab. Hoch befriedigt von diesem Unternehmen legte er sich wieder zu seiner Frau ins Bett.

Sobald Däumling den Menschenfresser schnarchen hörte, weckte er seine Brüder und sagte ihnen, sie sollten sich rasch anziehen und ihm folgen. Sie stiegen leise in den Garten hinunter und sprangen über die Mauern. Sie liefen fast die ganze Nacht, immer noch zitternd und ohne zu wissen, wo sie hingingen.

Im Aufwachen sagte der Menschenfresser zu seiner Frau:

«Geh hinauf und mach die kleinen Schlingel von gestern abend zurecht.»

Die Frau des Menschenfressers war höchst erstaunt über die Freundlichkeit ihres Mannes, weil sie nicht ahnte, in welcher Weise er sie zurechtgemacht haben wollte, sondern meinte, er trage ihr auf, sie anzukleiden. Sie stieg hinauf und war sehr überrascht, als sie ihre Töchter entdeckte mit abgeschnittener Kehle und in ihrem Blute schwimmend.

Sie fiel sofort in Ohnmacht; denn das ist der erste Ausweg, auf den fast alle Frauen bei solchen Gelegenheiten verfallen.

en pareilles rencontres. L'Ogre, craignant que sa femme ne fût trop longtemps à faire la besogne dont il l'avait chargée, monta en haut pour lui aider. Il ne fut pas moins étonné que sa femme lorsqu'il vit cet affreux spectacle.

«Ah, qu'ai-je fait là? s'écria-t-il. Ils me le payeront, les malheureux, et tout à l'heure.»

Il jeta aussitôt une potée d'eau dans le nez de sa femme, et l'ayant fait revenir:

«Donne-moi vite mes bottes de sept lieues, lui dit-il, afin que j'aille les attraper.»

Il se mit en campagne, et après avoir couru bien loin de tous côtés, enfin il entra dans le chemin où marchaient ces pauvres enfants qui n'étaient plus

Der Menschenfresser aber fürchtete, seine Frau möchte zu lange Zeit mit der Arbeit zubringen, die er ihr aufgetragen hatte, und ging hinauf, um ihr zu helfen ... Er war nicht weniger erstaunt als seine Frau, als er dieses schreckliche Schauspiel sah.

«Ah! Was habe ich da angerichtet?» rief er aus. «Das sollen sie mir bezahlen, die Elenden, und zwar auf der Stelle.»

Gleich goss er seiner Frau einen Topf Wasser auf die Nase, und als er sie wieder zu sich gebracht hatte, sagte er zu ihr:

«Gib mir schnell meine Siebenmeilenstiefel, damit ich gehe und sie einhole.»

Er machte sich auf die Beine, und nachdem er nach allen Seiten weit gelaufen war, geriet er schließlich auf den Weg, den die armen Kinder gingen; die waren nur noch hundert

qu'à cent pas du logis de leur père. Ils virent l'Ogre qui allait de montagne en montagne, et qui traversait des rivières aussi aisément qu'il aurait fait le moindre ruisseau. Le Petit Poucet qui vit un rocher creux proche le lieu où ils étaient, y fit cacher ses six frères, et s'y fourra aussi, regardant toujours ce que l'Ogre deviendrait. L'Ogre, qui se trouvait fort las du long chemin qu'il avait fait inutilement (car les bottes de sept lieues fatiguent fort leur homme), voulut se reposer; et par hasard il alla s'asseoir sur la roche où les petits garçons s'étaient cachés.

Comme il n'en pouvait plus de fatigue, il s'endormit après s'être reposé quelque temps, et vint à ronfler si effroyablement que les pauvres enfants n'en eurent pas moins de peur, que quand il tenait son grand couteau pour leur couper la gorge. Le Petit Poucet en eut moins de peur, et dit à ses frères de s'enfuir promptement à la maison, pendant que l'Ogre dormait bien fort, et qu'ils ne se missent point en peine de lui. Ils crurent son conseil et gagnèrent vite la maison.

Le Petit Poucet, s'étant approché de l'Ogre, lui tira doucement ses bottes, et les mit aussitôt. Les bottes étaient fort grandes et fort larges; mais comme elles étaient fées, elles avaient le don de s'agrandir et de s'apetisser selon la jambe de celui qui les chaussait: de sorte qu'elles se trouvèrent aussi justes à ses pieds et à ses jambes que si elles avaient été faites pour lui.

Il alla droit à la maison de l'Ogre où il trouva sa femme qui pleurait auprès de ses filles égorgées.

«Votre mari, lui dit le Petit Poucet, est en grand danger: car il a été pris par une troupe de voleurs qui ont juré de le tuer s'il ne leur donne tout son or

Schritt vorm Haus ihres Vaters. Sie sahen den Menschenfresser von Berg zu Berg schreiten und die Flüsse so leicht überqueren, als hätte er es mit den kleinsten Bächen zu tun. Däumling, der einen hohlen Felsen nahe bei dem Orte sah, an dem sie waren, ließ seine Brüder sich dort verstecken und verbarg sich selber auch, wobei er ständig Ausschau hielt, wo der Menschenfresser blieb. Der Menschenfresser war sehr müde von dem langen Weg, den er unnütz zurückgelegt hatte (denn Siebenmeilenstiefel machen ihren Träger müde); er wollte sich ausruhen und setzte sich zufällig auf den Felsen, in dem sich die Buben versteckt hatten.

Da er vor Müdigkeit nicht mehr konnte, schlief er ein, nachdem er sich eine Zeitlang verschnauft hatte, und begann so fürchterlich zu schnarchen, dass die armen Kinder nicht weniger Angst ausstanden als damals, da er sein großes Messer hielt, um ihnen die Kehle abzuschneiden. Däumling hatte weniger Angst und rief seinen Brüdern zu, sie sollten schnell ins Elternhaus fliehen, während der Menschenfresser noch ganz tief schlafe, und sie sollten sich nicht weiter um ihn kümmern. Sie vertrauten seinem Rat und liefen schnell ins Haus.

Däumling aber ging nahe an den Menschenfresser heran, zog ihm vorsichtig seine Stiefel aus und schlüpfte sogleich selber hinein. Die Stiefel waren sehr groß und sehr weit, aber weil sie verzaubert waren, hatten sie die Fähigkeit, größer und kleiner zu werden je nach dem Bein dessen, der sie anzog: darum passten sie so genau an seine Füße und an seine Beine, als wären sie für ihn gemacht.

Er ging spornstreichs zu dem Haus des Menschenfressers, wo er dessen Frau traf, die über ihre umgebrachten Töchter weinte.

«Euer Mann», sagte Däumling zu ihr, «ist in großer Gefahr; denn er ist von einer Räuberbande gefangen, und die haben geschworen, sie wollen ihn umbringen, wenn er ihnen

et tout son argent. Dans le moment qu'ils lui tenaient le poignard sur la gorge, il m'a aperçu et m'a prié de vous venir avertir de l'état où il est, et de vous dire de me donner tout ce qu'il a de vaillant sans rien retenir, parce qu'autrement ils le tueront sans miséricorde. Comme la chose presse beaucoup, il a voulu que je prisse ses bottes de sept lieues que voilà pour faire diligence, et aussi afin que vous ne croyiez pas que je sois un affronteur.»

La bonne femme fort effrayée lui donna aussitôt tout ce qu'elle avait: car cet Ogre ne laissait pas d'être fort bon mari, quoiqu'il mangeât les petits enfants. Le Petit Poucet étant donc chargé de toutes les richesses de l'Ogre, s'en revint au logis de son père, où il fut reçu avec bien de la joie.

Il y a bien des gens qui ne demeurent pas d'accord de cette dernière circonstance, et qui prétendent que le Petit Poucet n'a jamais fait ce vol à l'Ogre; qu'à la vérité, il n'avait pas fait conscience de lui prendre ses bottes de sept lieues, parce qu'il ne s'en servait que pour courir après les petits enfants. Ces gens-là assurent le savoir de bonne part, et même pour avoir bu et mangé dans la maison du bûcheron. Ils assurent que lorsque le Petit Poucet eut chaussé les bottes de l'Ogre, il s'en alla à la cour, où il savait qu'on était fort en peine d'une armée, qui était à deux cents lieues de là, et du succès d'une bataille qu'on avait donnée. Il alla, disent-ils, trouver le Roi, et lui dit que s'il le souhaitait, il lui rapporterait des nouvelles de l'armée avant la fin du jour. Le Roi lui promit une grosse somme d'argent s'il en venait à bout. Le Petit Poucet rapporta des nouvelles dès le soir même; et cette première course l'ayant fait connaître, il gagnait tout

nicht all sein Gold und all sein Silber gibt. Gerade als sie ihm den Dolch an die Kehle setzten, hat er mich erblickt und mich gebeten, Euch von der Lage Nachricht zu geben, in der er ist, und Euch zu sagen, Ihr sollt mir alles geben, was er an Geld und Gut besitzt, ohne das Geringste zurückzubehalten, weil sie ihn sonst ohne Gnade umbringen werden. Da die Sache sehr eilt, hat er erlaubt, dass ich seine Siebenmeilenstiefel nehme, die Ihr hier seht, damit ich schneller vorankomme und auch, damit Ihr nicht meint, ich sei ein Betrüger.»

Die gute Frau war sehr erschrocken und gab ihm sogleich alles, was sie hatte; denn der Menschenfresser war doch ein guter Ehemann, auch wenn er kleine Kinder fraß. Als Däumling sich nun mit allen Reichtümern des Menschenfressers beladen hatte, ging er heim in das Haus seines Vaters, wo er mit großer Freude empfangen wurde.

Es gibt viele Leute, die mit diesem letzten Umstand nicht übereinstimmen und die behaupten, Däumling habe diesen Diebstahl am Menschenfresser nie begangen; in Wirklichkeit habe er ihm nur ohne schlechtes Gewissen seine Siebenmeilenstiefel weggenommen, weil der Menschenfresser sich ihrer bediente, um hinter den kleinen Kindern herzulaufen. Diese Leute versichern, sie wüssten es aus guter Quelle, weil sie selber im Hause des Holzfällers getrunken und gegessen hätten. Sie versichern, dass Däumling, als er die Stiefel des Menschenfressers angezogen hatte, an den Hof ging, wo, wie er wusste, alle Welt bangte um eine Armee, die zweihundert Meilen weit weg stand, und um den Ausgang einer Schlacht, die dort geschlagen worden war. Er suchte, so sagen sie, den König auf und erklärte ihm, wenn er es wünsche, werde er ihm vor Tagesende Nachricht von der Armee bringen. Der König versprach ihm eine große Summe Geldes, wenn ihm das gelingen sollte. Däumling brachte noch am gleichen Abend Nachricht, und da der erste Botengang ihn bekannt gemacht hatte, verdiente er so viel, wie er

ce qu'il voulait: car le Roi le payait parfaitement bien pour porter ses ordres à l'armée, et une infinité de dames lui donnaient tout ce qu'il voulait pour avoir des nouvelles de leurs amants: et ce fut là son plus grand gain.

Il se trouvait quelques femmes qui le chargeaient de lettres pour leurs maris; mais elles le payaient si mal, et cela allait à si peu de chose, qu'il ne daignait mettre en ligne de compte ce qu'il gagnait de ce côté-là.

Après avoir fait pendant quelque temps le métier de courrier, et y avoir amassé beaucoup de bien, il revint chez son père, où il n'est pas possible d'imaginer la joie qu'on eut de le revoir. Il mit toute sa famille à son aise. Il acheta des offices de nouvelle création pour son père et pour ses frères; et par là il les établit tous, et fit parfaitement bien sa cour en même temps.

Moralité

On ne s'afflige point d'avoir beaucoup d'enfants,
Quand ils sont tous beaux, bien faits et bien grands
Et d'un extérieur qui brille;
Mais si l'un d'eux est faible ou ne dit mot,
On le méprise, on le raille, on le pille.
Quelquefois, cependant, c'est ce petit marmot
Qui fera le bonheur de toute la famille.

wollte; denn der König bezahlte ihn außerordentlich gut für das Überbringen seiner Befehle an die Armee, und unzählige Damen gaben ihm, was er nur haben wollte, um Nachricht von ihren Liebhabern zu bekommen: das waren seine größten Einkünfte.

Es geschah auch, dass einige Frauen ihm Briefe für ihre Ehemänner übergaben; aber sie entlohnten ihn so schlecht, und die Sache trug so wenig ein, dass er es ablehnte, das, was er bei diesen Gelegenheiten verdiente, überhaupt mitzuzählen.

Nachdem er eine Zeitlang den Beruf eines Botenläufers ausgeübt und dabei ein großes Vermögen angesammelt hatte, ging er zurück zu seinem Vater, wo sich alle so sehr freuten, ihn wiederzusehen, dass man es sich nicht vorstellen kann. Er verhalf seiner ganzen Familie zu Wohlstand. Er kaufte neu errichtete Beamtenstellen für seinen Vater und für seine Brüder, womit er sie alle gut versorgte, und zugleich führte er höchst angesehen sein Leben bei Hofe.

Moral

Man ist nicht traurig, wenn man viele Kinder hat,
sind sie nur alle stattlich, groß und glatt,
nach außen hin gehörig schön;
hat einer aber weder Kraft noch Witz als Gaben,
wird er geschmäht, gefoppt, muss leer ausgehn.
Und doch kann manchmal just mit diesem kleinen Knaben
sich die Familie am Ende glücklich sehn.

Nachwort des Übersetzers

Charles Perrault (1628–1703) war der Sohn eines Advokaten am «Parlement de Paris», dem höchsten Gericht des Königreichs, und ein Bruder des Schöpfers der Louvre-Kolonnade, Claude Perrault. Er wurde zunächst Advokat wie sein Vater, erhielt dann aber die gekaufte Stelle eines Steuereinnehmers, die ihm viel Zeit für seine schriftstellerischen Ambitionen ließ, und gehörte ab 1664 zum Mitarbeiterstab Colberts, des großen Finanzministers Ludwigs XIV., wiederum eine Position, die Ansehen und Geld, aber nicht übertrieben viel Arbeit brachte. Seine zahlreichen Dichtungen interessieren heute nur noch den Literaturhistoriker, und obwohl jeder französische Oberschüler ihn als den Gegenspieler Boileaus in dem Streit der «Anciens» und «Modernes» kennenlernt, in dem sich Frankreichs Dichter jahrelang mit Epigrammen und Hofintrigen befehdeten, hätte sein Name keinen Klang in der Welt – wären nicht die Märchen, die in unserem Buch versammelt sind.

1697 erschienen sie ohne Angabe des Autors, verlegt bei «Claude Barbin, sur le second perron de la Sainte-Chapelle, au Palais, avec privilège de Sa Majesté», unter dem Titel «Histoires ou Contes du Temps Passé, avec des Moralités». Sie waren – wie damals üblich – einer hochmögenden Person in ergebenen Wendungen gewidmt, und zwar «Mademoiselle», also Elisabeth Charlotte d'Orléans, der Tochter von «Monsieur» (Philippe, Duc d'Orléans, Bruder Ludwigs XIV.) und «Madame», der berühmten Liselotte von der Pfalz. «Mademoiselle» war einundzwanzig Jahre alt und seit kurzem mit dem Herzog von Lothringen und Bar vermählt.

Die Widmung trug nicht Perraults Unterschrift, sondern die seines Sohnes: P. (= Perrault) Darmancourt. Seitdem sind die Gelehrten sich uneins, ob der Sohn (der damals

neunzehn Jahre alt war und bald darauf als königlicher Leutnant den Tod fand) die Märchen verfasst, ob der Vater ein unvollkommenes Manuskript des Sohnes überarbeitet oder ob der Siebzigjährige die Märchen geschrieben und unter dem Namen seines Sohnes gewidmet hat, weil der junge Mann die Protektion von «Mademoiselle» nötiger brauchte als er.

Wie dem auch gewesen sein mag – die Zeitgenossen waren überzeugt, dass der alte Perrault der eigentliche Urheber sei. Schließlich hatte er schon 1694 drei Märchen in gereimten Versen veröffentlicht: «Griseldis», «Les Souhaits Ridicules» und «Peau d'Ane». 1698, also ein Jahr nach dem Erscheinen der Prosamärchen, kam in Holland ein unerlaubter Nachdruck der «Contes» heraus. So etwas war damals ja an der Tagesordnung. Als Verfasser war «le fils de M. Perrault» genannt, und bald kamen Ausgaben, in denen der Hinweis auf den Sohn überhaupt wegfiel.

Bei dem holländischen Nachdruck übrigens erhielt das Werk einen anderen Titel, unter dem es später häufig erschien: «Contes de ma mère l'oie», also wörtlich «Märchen von der Mutter Gans». Das rührt von einer Redensart her, die man früher für eine ganz alte und unglaubwürdige Geschichte benutzte: «das ist ein Märchen aus der Zeit, als die Königin Bertha noch spann». Bertha war die Frau des Königs Robert II., des Frommen, und hatte den Beinamen «au pied d'oie», «mit dem Gänsefuß»; ihr Attribut wurde vom Volk auf die durch Epos und Sage bekannte Mutter Karls des Großen übertragen, die auch Bertha geheißen hatte. Die Märchen haben also nichts mit dem Vogel Gans zu tun, sondern stammen einfach «aus sagenhafter Zeit».

Tatsächlich hat Perrault sie zwar gestaltet und ausgeschmückt, aber nicht erfunden. Die Motive waren vorhanden, entweder im Volk von den Ammen und Müttern weitergetragen oder schon als Stoffe in gedruckten Sammlun-

gen veröffentlicht, vor allem in Italien[1]. Das nimmt ihnen weder an Reiz noch an Wert; denn Perrault ist der erste, der sie *für Kinder* und nur mit einem gelegentlichen Seitenblick auf den Geschmack der Erwachsenen erzählt. Vater Perrault kümmerte sich, was damals sehr selten war, intensiv um die Erziehung seiner Kinder. Und Märchen, die seine Zeitgenossen für unwesentlich und für eine Frauenangelegenheit hielten, waren ihm wichtig genug, sie als Dichter zu formen und in Druck zu geben.

Er war aber im Gegensatz zu den Brüdern Grimm kein Forscher: er wollte schöne Märchen erzählen und kümmerte sich nicht um ihre Herkunft. Er sammelte nicht. Er sah sich nicht als Sachwalter und Überlieferer, auch wenn einige seiner Märchen reines Volksgut sind: vor allem «Rotkäppchen», das die Brüder Grimm sich über hundert Jahre später oft wörtlich gleich von der «Alten Marie» in Kassel erzählen ließen, und «Der gestiefelte Kater», das sie in der ersten Auflage ihrer Sammlung brachten und in der zweiten nur deshalb wegließen, weil ihnen bekannt geworden war, dass Perrault es veröffentlicht hatte, und sie ihrer eigenen Erzähl-Quelle nicht ganz trauten.

Unsere Ausgabe ist im französischen Text eine getreue Wiedergabe der Erstveröffentlichung von 1697[2]. Nur die Schreibweise entspricht der heute gebräuchlichen. Die Zeichensetzung des Originals allerdings erschien uns gelegentlich so reizvoll und einleuchtend, dass wir sie nicht in allen Fällen der modernen angeglichen haben.

[1] Ausführliche Hinweise auf Vorläufer und Parallelen enthalten die Anmerkungen in *Charles Perrault: Contes de Ma Mère Loye, texte établi, annoté et précédé d'un avant-propos par André Coeuroy. Paris, Editions de Cluny,* 1948.
[2] Nach *Les Contes de Ch. Perrault, précédés d'une préface par P.C. Jacob, Bibliophile, et suivis de la Dissertation sur les Contes de Fées, par le Baron Walckenaer. Paris, Librairie des Bibliophiles, E. Flammarion, Successeur,* o.J.

Bei der deutschen Fassung haben wir uns bemüht, so wörtlich und schlicht wie möglich zu übersetzen. Die Versuchung, «selber das Märchen zu erzählen», war oft groß. Wir haben ihr einigermaßen widerstehen können, weil die «Moral» am Ende jeweils die Möglichkeit zu größerer Freiheit gab. Die Eigennamen haben wir übersetzt, wenn sich ein deutsches Wort aufdrängte; aus dem «Riquet» (zu «Henri») einen Heinz oder Heiner zu machen, wollte uns allerdings nicht gefallen. Das Wort «ogre» hat uns Kopfzerbrechen bereitet. Zwar bedeutet es immer einen mit Zauberkräften begabten «Menschenfresser», dennoch haben wir im «Gestiefelten Kater» nur von einem «Zauberer» gesprochen.

Möge diese zweisprachige Ausgabe – für Deutschland seit langem die erste vollständige – den Perraultschen Prosamärchen viele Freunde gewinnen! *ufm*

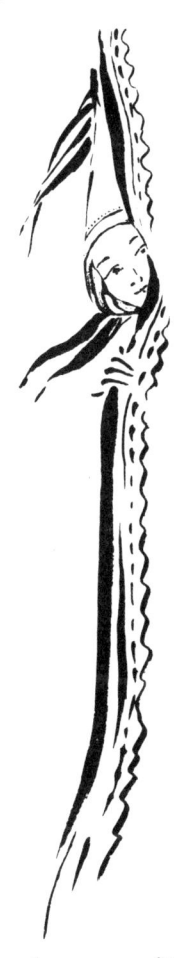

Was für die Franzosen Charles Perrault war, das waren für die Deutschen, gut hundert Jahre später, die Brüder Grimm, für die Russen, Mitte des 19. Jahrhunderts, A. N. Afanasjew, für die Briten, Ende des 19. Jahrhunderts, Joseph Jacobs, für die Spanier, in der 1. Hälfte des 20. Jahrhunderts, Vater und Sohn Espinosa. Wunderbare Märchen-Welten:

English Fairy Tales / Englische Märchen – dtv 9281

Народные русские сказки / Russische Volksmärchen – dtv 9413

Nicolasín y Nicolasón. Cuentos populares / Nicolasin und Nicolason. Spanische Volksmärchen – dtv 9382

Der Verlag schickt gern ein Verzeichnis der ganzen Reihe dtv zweisprachig.

>   dtv
>   Tumblingerstraße 21, 80337 München
>   www.dtv.de   zweisprachig@dtv.de